논리의 규칙들

黃必洪

미국 Utah대 정치철학박사
영국 Cambridge대 객원교수
한국한시학당 연구교수
개화공정미술 대표
단국대 교수

논리의 규칙들

펴낸이 장호성
엮은이 황필홍
펴낸곳 단국대학교출판부
등 록 1968. 2. 27 : No. 제03-00095호
주 소 경기도 용인시 수지구 죽전로 152번지
전 화 031. 8005. 2405
팩 스 031. 8021. 7154

2011년 8월 25일 초 판 발행
2014년 2월 25일 개정판 발행

인 쇄 호진
[값 15,000원]

Published by Dankook University Press

ISBN 978-89-7092-510-3 03170

논리의 규칙들

LOGICAL RULES

황필홍

단국대학교출판부

머리말

"필자는 소위 자호(自號)가 몇 개 있다. 서양의 개인주의/자유주의에 심취한 탓에 사상의 균형을 유지하는 차원에서 여러 해 전에 동양의 한시(漢詩) 공부에 참여하게 되었다. 그때 호가 있어야 된다고 해서 고향 마을의 이름을 그대로 써 흰 모래사장이라는 의미의 백사(白沙)라 하였다. 그 뒤 '몸과 마음을 단정하게' 살겠다는 취지에서 방정(方正)을 호에 추가하였다. 그리고 대학에서 강의하며 설명에 예(例)를 드는 것의 효율적 필요를 실감하게 되면서 예를 들어 보인다는 예시(例示)라고 나 자신을 또한 부르기로 근자에 작심하였다. 수강생들의 눈에 내가 간단없는 예의 전도사처럼 그렇게 비치면 여기 논리적 훈련에서, 또 각 분야의 학문적 연찬에서, 그들이 예를 듦의 중요한 쓸모를 깨치는 데 조금이라도 도움이 될 것 같아서...

그래서 이 책은 세 가지 특장(特長)을 가지고 있다. 첫째, 가능하면 예를 많이 제시하였다. 그것은 학생들도 어떤 주제를 이해하고 설명함에 예를 들어보기를 강하게 시사하는 권면이기도 하다. 적실한 예를 들어 어떤 개념을 설명할 수 없다면 그는 그 개념을 아직 온전히 이해하고 있는 것이 아니다. 나의 경험에 의하면 바로 이해한 주제라면 반드시 좋은 예를 들어 설명할 수 있어야 한다. 금세기 분석철학의 대표주자인 루드비히 비트겐슈타인(Ludwig Wittgenstein 1889-1951)은 분명하지 않으면 침묵하라고 웅변하였다. 둘째, 우리가 논리적 비판적 사고를 공부하는 데 좀 꺼리는 것들을 기꺼이 다루려 했다. 과감하게 그 주제들을 꺼내놓아 그 안에서의 비상식적 논리성까지 깊이 있게 파헤치려고 노력하였다. 그러다보니 일반적으로 기대되는 논리적 쟁점들에 대한 비중 균형이 얼마간 깨져 있다. 셋째, 한글 우리말에 한자 우리말과 필요로 하는 영어를 수시로 병용하였다. 필요하다면 무슨 언어라도 도구로 쓰면 되지 않을까 생각한 것이다. 한 가지 말로만 일관하여 쓰는 평판(平板)보다는 다양한 말의 착종(錯綜)이 개념 전달에 효과적이고 또 보기에도 좋아서 그렇게 한 것이다.

이 책은 주로 다음 세 가지 책을 기초로 하여 만들어졌다. 그러나 9할 이상은 나의 아이디어로 채웠다. 첫째는, 새먼(Merrilee H. Salmon)의 *Introduction to Logic and Critical Thinking*이다. 미국 대학원 유학 시 Kirk Robinson 교수의 조교로서 그녀의 책을 교재로 했던 인연 때문이다. 둘째는, 레먼(E. J. Lemmon)이 쓴 *Beginning Logic*이다. 단국대 한남동 시절에 주 교재로 사용하였던 인연이 있다. 셋째는, 콘웨이(David Conway)와 먼슨(Ronald Munson)의 *Basics of Reasoning*인데 미국 Don Nute교수가 추천하여 단국대 죽전동 교정에서 교재로 썼던 인연 까닭이다. 다들 회자인구(膾炙人口)하는 명저들인데 그에 가까이 가지 못할 것 같아서 두려움이 앞선다. 왕발(王勃)의 싯구가 떠오른다.

'감갈비성 공소단인(敢竭鄙誠 恭疎短引) : 감히 보잘것없는 정성을 다하여 공손히 짧게 서문을 짓는다.'

책을 소개할 때는 단행본은 '『 』'로 묶었고 외서의 경우 이탤릭체로 썼다. 예로, 성두현, 『사유의 논리를 위하여, 1999』 등이다. 논문은 '「 」'로 표시하였다. 예를 들어, 이주혜의 「한반도의 영구적 안정을 위한 제언」 등이다. 또 내가 특별한 인용이나 묶음이나 강조를 나타내고자 할 때는 반따옴표를 사용하였다. 예들 들자면, 롤스(John Rawls)의 표현으로는 '공정으로서의 정의'라고 하는데 그 안에 '공정성' '중립성' '사회계약' '복지주의' 등 그의 견고한 '현대 자유개인주의의 정신'이 잘 묻어 나오고 있다 등이다. 그리고 여러 가지 예와 인용의 경우에 있어서는 내가 만든 것과 일반 서적, 논문, 잡지, 신문, 서신, 대화, 기록 등이 혼재하나, 사상의 빌려 씀이 아니어서 특별한 경우를 제외하고는 논리 저서의 관습을 따라서 굳이 출처 따위를 드러내지 않았다.

단기 4344 8월
인사동 개화공정미술 사무실
例示 黃必洪 謹書

개정판 머리말

이전에 쓴 논리적 용어들을 다소 수정하였다. 중요한 용어나 표현에 영어를 병기하는 것이 일찍이 빠진 것이 발견되어 모두 채워 넣었다. 그리고 연습문제인 '토론할 주제들' 부분은 상당량 가감하였다.

과거 3년간에 걸쳐서 단국대 수강학생들이 구두로, 때로는 서신으로, 의견을 준 내용이 고스란히 이 개정판에 반영되었다. 미국 일리노이 대학에서 커뮤니케이션을 공부하다가 우리나라에 와서 철학을 전공하고자 하는 강명수(Myung-Soo Kang) 학사의 조언도 참고하였다. 그들의 도움에 깊이 감사한다.

2014년 새해가 밝았다. 이 새해에는 통일할 나라는 통일하고 독립할 나라는 독립하고 그리고 민주주의를 세울 나라는 민주주의를 세우는 그런 세상이 되었으면 좋겠다. 과연 논리적인 바람이라고 할 수 있을까...

甲午 4347 元旦
仁寺洞 開化工程美術 事務室
白沙 黃必洪 謹識

차례

제1장
주장이란 무엇인가

1. 논리적이란 무엇인가

논리학은 주장을 다루는 학문 분과다. 정당한 주장을 추구하고 정당하지 못한 주장을 배격한다. 또 가능하다면 정당하지 못한 주장의 문제점을 파악하고 정당한 주장과 정당하지 못한 주장 사이의 차이와 구분을 인식하고자 한다. 나아가 정당하지 못한 주장을 정당하게 만드는 것도 주요한 관심거리다. 그러므로 논리학은 정당하지 못한 주장으로부터 정당한 주장을 구별해내는 데 쓰이게 되는 방법과 규칙을 연구하는 학문이다. 그런데 논리학이 다루는 그 주장들은 문장, 명제, 단정들로 구성되어 있다. 그리고 그 구성 문장들의 관계가 단순히 설명식으로 나열되어서는 안 되고 반드시 전제와 그 전제가 가져오는 결과로, 또는 이유와 그 이유가 낳는 결과로 연결되어야 한다. 이 점은 나중에 더 상세히 설명할 것이지만 우선 결론적으로 요지는 논리학은 주장들로 구성되며, 주장은 문장으로 구성된다는 것이며, 그 문장들은 추론관계나 인과관계 등에 있다는 것이다. 그러므로, 수학의 최소 단위가 수(數)라면 논리학의 최소 단위는 문장(文章)이다.

우리가 일반적으로 주장한다든지 주장을 펼친다든지 주장을 전개한다는 것은 논리적으로 말하거나 글을 써 내려 간다는 것이다. 결국 주장을 관철시키기 위해서는 논리적으로 생각을 전개하는 것이 관건이다. 그래서 누가 말을 논리적으로 한다거나 논리적 글을 쓴다거나 또 그의 사고가 논리적이라고 하는 것은 자기 주장을 줄곧 잘 펼치는 것으로 따라서 듣는 사람이나 읽는 사람을 효과적으로 설득시키고 있는 것으로 볼 수 있다. 그러므로 시간과 노력을 쏟아서 설득에 성공하는 것으로 바람직스럽다 할 것이다. 또 그래서 상대적으로 비논리적인 언변으로 시종하는 것은 매우 비효과적 설득 방법이라 아니할 수 없다.

그럼 왜 논리적(logical)이여야 하는가? 우리 사회에서는 논리적 훈련의 시대 소위 논술의 시대가 열린 지 이제는 꽤 됐다. 대략 지난 세기 늦은 끝자락에서부터 논술 교육의 중요성과 더불어 대학입시를 비롯한 각종 시험에서 논술문제가 비중 있게 다루어졌다. 서양 사회에서는 20세기 초와 중반을 거치면서 오직 논리적 글만이 학문적으로 유효하다는 확고한 유행과 전통이 확립되었다. 시간은 좀 지난 후라 해도, 우리 사회 역시 그 영향권에서 벗어날 수 없었다고 본다. 말하자면 이제는 세상이 바뀌지 않는 이상 논리적 글을 쓸 수밖에 없는 것이 이 시대를, 이 지구촌을, 사는 우리들의 운명이 되었다. 몇 해 전에 75년 이상 써온 미국 수학능력시험 SAT 시험 내용을 수정하는 데 특히 논리 비중을 좀 더 강화하기로 했다는 뉴스 보도가 있었는데 필자에게는 놀라운 일이었다. 그들이 아직도 더 논리적이어야 한다고 판단하는가 하는 생각이 우선 들어서였다. 우리보다 상대적으로 더 논리적 사고를 가지고 있다고 평가되는 미국인들이, 우리보다 훨씬 더 논리적 환경에서 살아가는 사람들이라고 판단되는 그들이, 논리 시험을 더 보강하는 것을 보면 논리적 사고를 위한 훈련이 오늘날 얼마나 중요하게 평가되고 있는가는 일목에 파악이 될 것이라고 믿는다.

그렇다면 정작 논리적이라는 말이 무엇인지 파악해보자. 우리가 말을 할 때 이전 말은 지금 말의 근거나, 이유나, 까닭이나, 전제나, 가정이나, 기초가 되어야 하고, 지금 말은 이후 말의 또한 근거나, 전제나, 기초가 되어야 한다. 그래야 듣는 사람의 사고는 말하는 상대방의 말을 쉽게 이해할 수 있다. 일종의 '사고의 관성의 법칙성'이랄까. 또 역으로, 말하는 사람은 그래야 듣는 사람을 효과적으로 설득시킬 수 있다. 듣는 사람은 결코 말하는 사람을 우호적으로 이해하려 하지 않는다. 이해시키려면 어디 한번 해봐라 하는 식이다. 독자도 마찬가지다. 글쓴이에게 우호적으로 정성을 들여 이해하려 들지 않는다. 떡 버티고 필요하면 설득시켜보라는 투다. 아무 문장들이 전제와 결론으로 연결되는 것과 같은 것을 문장과 문장의 연결성(sentential connectedness) 또는 문장의 관련성(sentential relevance)이라고 부르는데 근거나 전제나 이유를 들어 바로 직접적으로 연결시켜주지 않는다면 듣는 사람은 금방 외면한다. 한두 문장 전에 지적했다던지 두 서너 문장 앞에서 설명했다는 것은 좋은 모양새가 아니다. 독자나 시청자는 그렇게 관대하지 않다. 바로바로 근거를 제시하면서 그것을 바탕으로 다음 말을 일종의 결과로, 귀결로, 결론으로 이끌어내도록 하여야 한다. 그래야 비로소 논리적인 문장의 연결에 독자는 거부감 없이 호감을 가지고 긍정적으로 반응한다. 말하자면 그래야 독자의 사고의 관성의 법칙성을 훼손하지 않은 것이다. 자, 그럼 구체적 예를 들어서 논리적이라는 말을 이해하도록 해보자.

> To effectively protect their lives and assets individuals are to yield their own rights in part to the state or the government. The state grows bigger and in turn becomes too much stronger to exercise its powers over individual people in many respects. <u>Then this big state may infringe the freedom of its citizens and is subject to the so-called constitutional imperative.</u>

위의 글의 취지는 사회계약이론의 전개와 정당성에 관련한 것이다. 즉 개인 개인이 자기의 생명과 자산을 홀로 지키는 것보다는 서로의 권력을 일정 부분 한 큰 국가 즉 정부에 양도하여 그 위임받은 강력한 힘을 바탕으로 국가가 나서서 시민의 자유와 생명과 재산을 효과적으로 보호하도록 한다는 것이다. 그러나 유감스럽게도 본래의 취지와는 다르게 비대해진 권력의 정부가 개인의 자유를 되려 위협할 수 있다. 그런 경우라면 정부 즉 정권을 통제하기 위해서 헌법이 있어서 시민을 최종적으로 보호하게 하여야 한다는 취지다.

이런 맥락을 이해하였다면, 또 반드시 그렇게 이해되어야 하는데, 위 문단의 맨 마지막 문장은 단순히 "그 때는 이 큰 정부는 국민의 자유를 위협할 수 있다. 그리고 정부는 소위 헌법의 명령에 복종한다."라고 해석되어서는 안 된다. 바른 해석은 "그렇게 되면 이 거대한 정부가 국민의 자유를 위협할 수 있다. 그러므로 정부는 소위 헌법의 절대명령에 복종하여야 한다."가 되는 것이다.

전자처럼 해석하면 전반적으로 이 문단의 전체 문장 간의 논리적 연결(logical sentential connectedness)이 부실하게 된다. 말하자면 비논리적 해석이 되고 마는 것이다. 즉 전반 문장들이 근거와 이유가 되어서 후반 문장이 결과적으로 도출되려는 글의 자연스런 흐름이 방해 받는 것이 된다는 것이다. 위의 후자의 해석이 되어야 비로소 글 쓴 사람의 취지를 바로 이해하는 정도(正道)가 된다. 여기서 우리는 논리적 훈련이라는 것이 바로 문장과 문장의 바른 연결과 직결되어 있다는 것을 새삼 깨닫게 되는데 실제로 이 문단은 우리나라 어느 대학의 입학시험 문제로 출제되었던 것으로 학생들에게 해석을 요구한 것이었다. 애석하게도 출제위원들의 모범 답안이 지금 우리가 여기서 지적하는 문제점을 밝혀주지 못해서 혼란을 야기한 바가 있었는데 유감스러운 일이다. 들었던 바로는 그 당시 어느 쪽의 해석도 다 정답안으로 간주했다지만 기실 그럴 수 없는 것으로 그 행위 또한 차라리 비논리적 처사다. 되려 그 구분을 할 수 있느냐 없느냐가 이런 문제 출제의 핵심이 되어야 한다고 믿는다. 말하자면 후자가 만점 정답안이라면 전자는 감점 대상 답안이어야 한다.

다른 경우가 되는데 논리적 글의 흐름을 예로 들어 검토해 보자.

논리적이라는 것은 다양한 상황에서 복잡다단하게 요청된다. 아래와 같은 경우도 자주 등장하는 좋은 예다.

> To a great extent, courage has already been democratized by recent events. [For instance.] The suffragettes showed that they possessed as much courage as the bravest men; this demonstration was essential in winning them the vote. The common soldier in the War needed as much courage as a captain or lieutenant, and much more than a general; this had much to do with his lack of servility after demobilization. The Bolsheviks...are not lacking courage, whatever else may be said of them; this is proved by their pre-revolutionary record.

위의 글은 과학이 우리가 추구하는 행복에 어떻게 성공적으로 기여하는 가를 보이려는 버트런드 러셀(Bertrand Russell)의 내가 믿는 것(*What I Believe*)에서 일부를 소개한 것이다. 자유민주주의 시대에는 소수 지도자만이 아니라 개개시민 모두가 용기로 무장될 필요가 있다는, 그것이 행복에 이르는 길이 된다는, 취지를 이야기해가는 도정인데 부분적으로 발췌하였다.

글 서두에서 글쓴이는 최근에 일어난 몇 가지 사건들을 통해서 용기가 이미 많이 민주화 즉 보편화되었다고 말하고 있다. 만약 저자가 이 첫 문장만 쓰고 그냥 지나간다면 우리 독자로서는 또는 청중으로서는 우리 사회가 최근에 과거와 비교해서 용기 있는 시민사

회로 많이 성장했는가보다 하는 정도의 생각만을 가지게 될 것이다. 주위의 상황을 떠 올리면서 그렇다는 생각을 할 수도 있을 것이다. 또는 우리가 정말 과거 사람들보다 사사건건 사회적 이슈에 대해서 용기를 가지고 대응하는가 하고 짐작하면서도 뭔가 좀 꺼림칙해 개운하지 못할 수 있다. 그래서 좋은 글 즉 논리적 글은 그냥 지나가지 않는다.

바로 구체적인 예를 든다. 하나, 여성 참정권론자들이 용기를 가지고 여성 참정 권리를 확보한 일들이며, 둘, 전장터에서 장군이나 장교들보다도 수많은 일반 병사들이 용기를 가지고 전투에 참여한 일이라든지, 그리고, 셋, 볼세비키의 혁명적 용기를 예시함으로써 사회가 근자에 많이 용기화되었다고 말하고 있다. 그러고 나니 그 의미가 훨씬 분명해진다. 그리고 대체로 수긍이 간다. 이것이 논리적 글의 설득력이자 강점이다. 실제로는 쓰이지 않았으나 내용상으로는 첨가한 [For instance]가 이미 들어 있는 것이나 다름없다. 예시(例示)의 중요성을 부각시키기 위해서 [For instance]는 필자가 편의상 일부러 짚어 넣은 것이다.

또 다른 상황을 하나 더 검토해 보자. 이번에는 비논리적인 글이 우리 주위에서 어떻게 빈번히 쓰이고 있으며, 어떻게 잘못되어 있고, 어떻게 논리적으로 개선이 가능한지 연구 검토해 보도록 하자.

> 중국의 한반도 통일관이 결코 우리에게 우호적이라고 할 수만은 없는 상황에서 북한의 중국 의존도가 높아질수록 한반도 통일에 대한 중국의 발언권은 강화되고, 통일 문제의 중국화도 가속화될 것

이다. 따라서 대한민국은 북핵 단기 처방과 중장기적 통일 전략 사이의 모순을 최소화하는 전략을 짜는 데 지혜를 모아야 한다. 북핵의 불가역적 불능화를 달성하는 수단은 궁극적으론 통일밖에 없으며, 통일은 북한의 대한민국 의존도를 다양한 방법으로 높여가는 과정에 눈사태처럼 닥쳐올 것이라는 공통 인식이 긴요하다.

이 글은 서울 모 신문의 '지나간 100년 다가올 100년'이라는 제목의 2010년 1월 1일 사설의 한 독립 문단이다. 총 세 문장으로 구성되어 있는데, 첫 문장은 주어 동사 구분이 어려우리 만큼 여러 내용이 섞여 있어 좀 산만스러우나, 북한의 중국 의존도가 높아지면 그만큼 남북한 통일문제에 있어서 중국의 영향력이 커진다는 명제의 글임은 어렵지 않게 이해할 수 있다. 그러나 "따라서 대한민국은 북핵 단기 처방과 중장기적 통일 전략 사이의 모순을 최소화하는 전략을 짜는 데 지혜를 모아야 한다."는 다음 문장은 선뜻 이해가 다가오지 않는다. 왜냐하면 우리가 두 번째 문장에서 사고의 관성상 대체로 기대하는 것은, 즉 일반 우리의 상식과 이해로는, 북한의 중국 의존도를 어떻게 낮출 수 있는가 그래서 어떻게 한반도 통일의 장정에 중국의 간섭력을 효과적으로 억제할 수 있겠는가에 관한 것이기 때문이다.

여기서 우리는 이 글이 좀 더 논리적이기 위해서는, 첫 번째와 두 번째 문장 사이에 어떤 연결 명제가 빠진 것을 메꿔야 한다는 것을 알 수 있다. 그 다음 세 번째 문장은 더욱 우리를 곤혹스럽게 만든다. "북핵의 불가역적 불능화를 달성하는 수단은 궁극적으론 통일밖에 없으며...” 어떻게 갑자기 북한 핵을 영구히 제거하는 길은 궁극적으로 통일밖에 없다는 결론적 선언을 하게 되는지 매우 의아스럽게 된다. 북핵의 불능화가 통일 외에 길이 정말 없는가, 어떤 근거와 명분으로 그렇게 말 할 수 있는가. 또 왜 “통일은 북한의 대한민국 의존도를 다양한 방법으로 높여가는 과정에 눈사태처럼 닥쳐올 것이라는 공통 인식이 긴요하다”고 말하는가. 알기 쉬운 말로 보충 설명이 없고서는 도저히 이해하기 힘들다. 물론 대체로 우리가 북핵과 통일에 대한 어느 정도의 상식과 정보를 가지고 있어서 글 전체를 이해하는 데 큰 불편은 없을 것으로 보나 비논리성이 두드러져 독자를 이해시키고 설득시키는 데는 태부족이다. 이렇게 논리적 글의 연결성이 지켜지지 않을 바에야 굳이 세 문장이 바로 바로 이어져야 할 이유도 없고, 또 굳이 한 문단 안에 함께 모여 있을 이유도 없다. 논리성만 고려해 평가한다면 이 글은 C-글이다.

다시 정리하자면 논리적이란 글의 예측 가능한 바른 이어짐이다. 그것이 이미 언급한 논리적 문장의 연결됨이다. 우리의 사유에는 1, 2, 3의 순서라든지, 크고 작다는 비교라든지, 높은 곳에서 낮은 곳으로 향한다든지, 동물 식물 광물의 구분이라든지, 선한 것을 권면하고 악한 것을 징계하려 한다든지, 또는 착함에 상을 주고 악함에 벌을 주어야 한다는 호모 사피엔스로서의 잠재적 공감대의 자질이 존재한다. 그리고 이런 것들이 그 이어짐과 연결에 부딪치지 않으며 공명하며 기여한다. (이것은 물론 어디까지나 일반적인 합리적인 사람들에 대한 이야기로서 회의주이자(skeptics)나 궤변론자(sophists)나 상대주의자(relativists)는 생각을 달리 할 수도 있을 것이다. 그런 다양한 이견 상황은 여기서는 적합하지 않아 고려하지 않는다.) 이러한 것들에 가로 세로 잘 엮어지지 못한 글이라면 우리는 그 글과 말에 얼른 순응하지 못하게 된다. 논리적인 글의 흐름은 물의 흐름과 같아야 한다. 글의 설득력은 글의 수사 따위에서 나오는 것이 아니라 글의 논리성에서 나온다.

그런데 우리의 잠재성이 그대로 놔두어도 항상 순기능으로 잘 쓰이는 것만은 아니다. 희랍의 철학자 플라톤이 지적한 것처럼, 우리의 잠재 기억에서 잘 소생시켜야 하는 것처럼, 늘 논리적 훈련이 필요하다. 그러므로 논리학자들이 입을 모아 '논리적 사고는 타고나는 것이 아니라 터득하는 것'이라고 하는 말은 그만큼은 옳다고 하겠다. 그래서 서양 격언의 '돈과 존경은 버는 것이지 그냥 주어지는 것이 아니다.(Money and respect must be earned, not just given.)'에 보태서, 필자는 '돈과 존경과 논리성'은 선천적으로 저절로 주어지지 않으며 후천적으로 노력으로 얻어 버는 것이라고 말하고 싶다.

2. 주장이란 무엇인가

일찍이 주장(argument)을 좀 언급했지만, 이제는 주장이 무엇인가 말하기가 퍽 손쉬워졌다. 주장은 다름 아닌 논리적인 문장의 연결성을 유지하는 글의 묶음이다. 주장은 또한 논리적으로 결론을 도출하는 것이다. 말하자면 위에서 소개된 첫 번째 예에서는 국가(정부) 권력은 최종으로 헌법의 지배를 받아야 한다는 결론을, 두 번째 예에서는 최근에 시민의 용기가 보편화되었다는 결론을, 그리고 세 번째 예에서는, 나쁜 사람도 사람은 사람인 것처럼 나쁜 주장도 주장은 주장일 것이니, 다른 예에 비해서 논리성이 떨어지기는 해도, 한국은 북핵 해결과 통일을 위해서 중장기적 방책을 준비하여야 한다는 결론을 끄집어내는 주장을 펼치고 있는 것이다.

그래서 반복하건데, 주장은 문장들의 집합이다. 그러므로 문장들이 모여서 주장을 이루고, 논리학은 주장을 다루는 것이기에 주장들이 모여서 논리학을 구성한다고 할 수 있다. 그런데 논리학에 쓰이는 용어는 나름대로 전문적으로 굳어진 단어들이 있어서 그것을 준용할 필요가 있다. 논리학(logic)은 주장(argument, argumentation, reasoning, inference)을 다루고, 주장은 문장(sentence, statement, proposition, claim)으로 구성되어 있다. 주장은 논의나 추론도 통용되고, 문장은 명제나 진술도 의미의 손상 없이 서로 통용된다. 명칭이야 별거 아닌데 중요한 것은 그 문장들의 관계성이다. 문장들이 아무렇게나 연결된다고 모두 주장이 되는 것은 아니다. 만일 그렇다면 모든 아무런 글이라도 다 주장이 되고 말 것이다.

주장이 되려면 위에서 언급된 세 가지 예에서 볼 수 있었듯이 문장들이 서로 원인 결과 또는 근거 결론의 관계를 유지하여야 한다. 어떤 이유나 근거나 전제를 기반으로 어떤 단정에 이르렀다는 관계를 지켜야 한다는 것이다. 이런 경우 우리는 특별히 이유 근거가 되는 문장을 그 주장의 가정 또는 가설 또는 전제(premise, supposition, assumption)라 부르고 그에 따른 후속적 단정을 결론(conclusion)이라고 한다. (논리학 용어의 혼란을 피하기 위해서 여기서 잠시 다시 가닥을 잡으면, 주장, 논의, 논쟁, 추론이 대체로 'argument, argumentation, reasoning, inference'를 지칭하는 것이 되겠고, 문장, 명제, 단정, 언명이 대체로 'sentence, proposition, statement, claim'이 될 것이며, 또 가정, 가설, 전제는 'premise, supposition, assumption이' 되고 결론은 'conclusion'일 것이다.) 정리하면 주장은 서로 특별한 관계에 놓이는 문장들로 이루어지는데 하나 또는 그 이상의 문장(들)이 다른 문장을 정당한 것으로 수용하는 이유와 근거를 제공하는 관계성에 있게 된다. 전자의 문장이나 문장들이 가정이 되고 후자 문장이 결론이 된다. 그러므로, 물론 논리학은 수학처럼 수를 다루는 것이 아니고 문장을 다루기 때문에 +나 - 또는 = 같은 기호는 쓰이지 않으나, 편의상 이해를 돕기 위해서 도식화하면 다음과 같이 표현할 수 있겠다.

주장argument = 가정(들)premise(s) + 결론conclusion.

다음에 소개하는 그 유명한 글은 그러므로 주장이다.

All men are mortal. Socrates is a man. Ergo, Socrates is mortal.

위의 글은 우리 모두가 잘 아는 인구에 회자하는 주장이다. 세 가지 용어를 즉 men, mortal, Socrates를 사용하여 자기 주장을 펼치는 소위 삼단논법(syllogism)이라는 주장법이다. 앞 두 문장은 가정으로서 결합하여 세 번째 문장을 결론으로 확실하게 도출하고 있다.

그럼 다음 글은 어떤가?

> 감기가 다가오는 것 같다. 게다가 아침부터 눈이 내려 운전을 어렵고 위험하게 하고 있다. 그러나 나는 오늘 꼭 투표장에 가서 그녀의 당선을 위해서 테레사 후보에게 지지표를 줄 것이다. 그것이 내가 오늘 존재하는 이유다.

네 문장으로 구성되어 있으나 그들 사이에 특별한 전제와 결론이나 원인과 결과의 인과관계를 찾기는 어렵다. 무슨 이유로 어떤 상황에서도 꼭 투표하러 가겠다는 작자 개인의 의지가 강하게 표현되어 있을 뿐이다. 주장이라고 볼 수 없다.

그러면 다음의 문장들은 어떤가? 좀 더 심사숙고가 필요한 케이스라고 본다. (영어에서 case라고 자주 표현되는데 때로는 condition, instance, suit, argument 등으로도 쓰인다. 우리말로는 경우, 예, 사례, 유(類), 상황, 조건, 주장, 사건 등이 바른 해석이 되겠다. 우리가 일상에서도 '그 케이스라면...' '그런 케이스가 있었는데...' '케이스 바이 케이스로...' 따위로 자주 쓰이는데 마찬가지의 해석을 할 수 있을 것이다.) 결론부터 말하자면 좋은 주장하기다.

> The good life [in contemporary societies]...demands a multitude of social conditions, and cannot be realized without them. The good life...is a life inspired by love and guided by knowledge. The knowledge required can only exist where governments or millionaires

[in the society] devote themselves to its discovery and diffusion.

다시 버트런드 러셀(Bertrand Russell)이 쓴 자신이 가치가 있다고 믿는 것이라는 *What I Believe*의 일 부분을 발췌한 것이다. 결론을 먼저 제시하고 그 정당성을 아래에서 두 가정으로써 확보하고 있다. 현대 사회의 개개인의 행복한 좋은 삶이란 개인이 관련하는 사회적 여러 문맥하고도 관련함을 주장하기 위해서, 첫째, 행복한 삶은 사랑에 의해 고무되고 지식에 의해 인도되며, 둘째, 과학적 지식은 정치 사회적 지원과 후원이 필수다고 뒷받침하고 있다. 타당한 주장이다. 여기서 한 가지 눈여겨볼 것은 결론이 먼저 오고 가정이 뒤에 오는 것은 가정이 먼저 오고 뒤에 결론이 오는 것과 아무 차이가 없으리라는 것이다. 실제 그렇지 않는가. 누군가가 가정을 먼저 말하고 결론을 잇거나, 반대로 결론을 말하고 그 이유와 근거를 나중에 말할 수도 있을 것이다. 수사학의 두괄식(頭括式)과 미괄식(尾括式)의 구분 따위와 연관해도 무방할 것 같다. 다만, 조만간 설명이 있을 것이로되, 우리가 논리의 형식을 따라서 표준형으로 쓰고자 할 때에는 편의상 논리적 관습과 전통을 따라서, 간단한 주장이건 복잡한 주장이거나, 가정을 먼저 쓰고 나중에 결론이 오게 한다.

다음 글은 중당의 시인 사공서(司空曙)가 쓴 강촌에서 느낀 바 있어 바로 써본다는 강촌즉사(江村卽事)라는 칠언절구 시인데 꽤 논리적인 면이 있어서 여기 소개한다. 시 안의 논리라는 것이 좀 생경하지만 시 속에 보이는 나름의 논리성이라고 하겠다.

釣罷歸來不繫船 조파귀래불계선
江村月落正堪眠 강촌월락정감면
縱然一夜風吹去 종연일야풍취거
只在蘆花淺水邊 지재로화천수변

낚시를 마치고 배도 매어 두지 않고 집에 돌아왔는데, 강촌에 달이 지니 잠이 막 쏟아진다. 혹 밤새 내내 바람이 불어도, 단지 [배는] 갈대꽃 핀 얕은 물가 어딘가 머물러 있을 것이다.

시인은 배를 매두지 않았고 밤새껏 바람이 분다면 배가 떠나려 갈 듯하지만 갈대꽃 핀 천수변이 워낙 바닥이 깊지 않아서 멀리 떠내려가지 못하였을 것이라고 말하고 있다. 일면 논리적 귀결로도 비치지만 바닥이 얕은 천수변과 관련하여서는 다분히 함축성과 상징성이 있다. 그러나 논리적 주장은 평서문을 사용한 직설적 사실의 관계성을 좇는 성격상 이 시 전체를 주장이라고 보기는 힘들 것이다.

그러면 다음과 같은 아주 짧은 글은 어떠한가?

She's armed, so she's dangerous.

한 문장이 다른 문장을 도출하는 데 지원자 역할을 톡톡히 하고 있는 경우라면 이 또한, 짧아도, 주장으로 손색이 없다.

하나만 더 소개하기로 한다.

> When Stephanie and Paul left the church, their guests followed them out and began throwing rice. Stephanie knew that the guests were simply wishing them a happy marriage, but her mother hoped the wishes also meant many grandchildren. So, funny enough, Stephanie and her mother see the same thing differently.

세 번째 문장이 그러므로(So)로 출발하고 있고 또 내용적으로도 어느 정도 결과적으로 보이나 여전히 사실의 기술적 표현에 지나지 않는다. 그러므로 논리적 주장이 포함되어 있다고 보기는 힘들다. 이처럼 소위 가정이 있다는 것을 가리키는 '왜' '때문에' '이유는' 따위의 가리킴표(indicators)가 있는 경우라도 또 '그러므로' '그래서' '따라서' 따위의 결론을 지칭하는 가리킴표가 있는 경우라도 조심하여야 한다. 그 가리킴표가 가정과 결론이 오는 것을 보장해 주지는 못하기 때문이다. 그런 경우라면 아무래도 전후 문맥을 더 검토하면서 과연 그곳에 주장이 있는 것인지 아니면 단순한 설명적 이유나 결과의 경우라고 보아야 하는지 결정할 일이다. 그만큼은 우리가 논리성을 한눈에 파악하기에는 쉽지 않으나 여전히 우리는 지속적으로 논리적 연습을 통해서 주장을 분석하는 기술을 터득하게 된다.

3. 주장의 몇 가지 특징들

주장을 다른 시각에서 비추어보면 우리는 주장이 갖는 일반적 중요한 특징을 찾아낼 수 있다. 문장, 명제, 언명, 서술, 진술과 또 다른 문장이 전제 단정 원인 결과 즉 가정 결론으로 연결되어야 한다는 본질적인 것 외에도 다음과 같은 특징들이 있는데 이를 숙지하는 것은 주장의 성격을 심도 있게 규명하는 데 여러모로 도움이 된다.

첫째, 주장은 그 길이와는 무관하다. 어떤 주장은 위의 “She's armed, so she's dangerous.”처럼 아주 짧다. 또 어떤 주장은 위의 “The good life...”처럼 길다. 그런가 하면 또 어떤 주장은 한 권의 책을 다 사용하여야 하는 경우처럼 엄청나게 길 수 있다. 예를 들어 어느 작가가 임신 여성의 낙태 권리를 옹호하기 위해서 낙태권리의 변호(*In defense of abortion rights*)라는 책을 쓰면서 책 전편에 걸쳐서 다음과 같은 단 하나의 주장을 전개할 수도 있다: “태아는 생물적 의미에서는 사람과 같아도 도덕적 의미에서는 보통 일반 사람에 못 미쳐 일반적 의미로 사람과 대등한 위치에 있을 수 없다. 또 태아는 임신자의 몸의 일부분을 차지하고 있어서 전체적으로 임신자의 자기 신체 통치권(self-governance) 안에 있다. 게다가 낙태 문제와 관련하여 가장 긴밀하게 이해가 관련하는 사람은 임신자 자신이다. 그러므로 누구보다도 또 무엇보다도 우선하여 임신자의 선택적 낙태 권리는 존중되어야 한다.” 말하자면 그 책의 그 외의 수많은 문장들은 위의 주장을 위하여, 더욱 구체적으로는 그 주장의 가정과 결론을 도출해내기 위해서 쓰여지는 다종다양의 예와 설명과 도식 따위에 불과한 것이다.

둘째, 주장은 그 주제와 무관하다. 이미 위에서 소개된 주장의 예에서 보았듯이 주장에는 다양한 내용이 등장한다. 사회계약을 통한 일정한 권력의 양도, 행복한 삶의 구성을 위한 제 조건, 소크라테스, 무장, 한반도의 남북통일 등등 다양한 주제가 사용되는 것을 알 수 있다. 또 인권이나 헌법정신이나 자연보호와 같은 심각한 내용을 다루지만 한편으로는 떡라면이나, 모기나, 양말이나, 족발이나, 화강암이나, 안경 같은 사소한 주제를 다룰 수도 있다. 그 말은 바꿔서 말하면 주장은 어떤 주제라도 다룬다는 의미만이 아니라 어떤 분야에서도 주장은 쓰이게 되며 결국 모든 분야에서 논리적 주장이 필요하다는 말도 된다.

예를 들어 논리학 강의를 수강하는 학생들의 전공을 보더라도 각양 각종 전공인 것을 알 수 있다. 각 분야에서 내용들을 달리하면서도 그 영역 안에서 필요한 논리성을 애써 구하고 쓰는 것이다. 필자는 이것을 "논리성의 보편성"이라고 부른다. 몇 개 좋은 예를 등장시켜 보자: "모든 단국대 학생들이 밀 음식보다 쌀 음식을 더 좋아하고 돼지고기보다 소고기를 더 좋아한다. 유진은 단국대학생이다. 그러므로 유진은 밀 음식보다 쌀 음식을 더 좋아하고 돼지고기보다 소고기를 더 좋아한다." 또 "만일 나폴레옹이 프랑스 사람이면 그는 유럽 사람이다. 나폴레옹은 프랑스 사람이다. 그러므로 나폴레옹은 유럽 사람이다." 그리고 "아무 죄없는 사람들이 빈곤과 질병과 전쟁으로 날마다 수없이 죽어나간다. 그렇다면 이 세상의 삶이 무의미하지 않느냐고, 정작 값어치 없지 않느냐고, 묻지 않을 수 없다."

셋째, 주장에서 그 가정이나 전제의 순서가 문제가 되는가? 이미 앞서 시사하였듯이 주장의 가정의 순서는 상관없다. 주장은 문장으로 구성되어 있다고 하였다. 그리고 그 문장들은 가정과 결론으로 나누어진다고 하였다. 가정이 하나인 경우는 순서의 문제가 없을 것이나 두 개 또는 그 이상인 경우는 순서의 문제를 생각하게 된다. 그러나 그것은 별다른 문제가 못된다. 예를 들어 "모든 사람은 죽는다. 소크라테스는 사람이다. 그러므로 소크라테스는 죽는다."와 "소크라테스는 사람이다. 모든 사람은 죽는다. 그러므로 소크라테스는 죽는다."는 주장함에 아무 차이가 없다. 즉 소크라테스는 죽는다는 결론을 이끌어내는 데 그 앞의 두 가정의 순서를 바꾸어도 그 결론을 도출하는 데는 전혀 영향을 끼치지 않는다는 말이 된다. 그 말은 결론이 도출되는 데는 가정들이 가지는 전체적인 힘의 합일 뿐 순서 따위와는 무관하다는 것이다. 그래서 결론은 가정의 합에서 도출된다고, 생겨난다고, 끄집어내진다고(derives, deduces, draws) 하고, 가정은 결론을 포함 함축 함의한다(entails, implies)고 한다. 다음도 마찬가지다: "만일 오바마 대통령이 건강하고 명민하면 미국은 국제무대에서 더욱 상승세를 탈 것이다. 그런데 오바마 대통령은 보다시피 건강하고 명민하다. 그러므로 미국은 앞으로 국제무대에서 더욱 상승세를 탈 것이다."와 "오바마 대통령은 건강하고 명민하다. 만일 오바마 대통령이 건강하고 명민하다면 미국은 국제무대에서 더욱 상승세를 탈 것이다. 그러므로 미국은 국제무대에서 더욱 상승세를 탈 것이다."는 결론을 도출함에 전자 후자 비교해서 아무런 차이가 없다.

넷째, 주장에서 가정은 하나인 경우도 있고 두 개 이상인 경우도 있음을 보았다. 이해할 수 있다. 하나로써 결론을 도출할 수 있다면 하나인 것이고, 결론 도출에 두 개가 필요하면 두 개의 가정이 있어야 할 것이다. 혹 세 개의 가정이 필요하다면 즉 그것이 필요한 결론을 위해서 꼭 필요한 그리고 아주 효과적인 최소한의 가정이라면 물론 가정이 셋일 수도 있다. 그렇다면 결론은 어떠한가? 결론도 하나일 수도 있고 두 개 이상일 수도 있겠는가? 가능할는지 모르겠다. 그러나 그런 상황은, 현재의 우리 인간 사유의 한계로서는, 논리학의 기본 정신에 비추어 바람직하지 못하다는 것이 필자의 판단이다. 물론 어느 논리학 저서에서도 결론은 단 하나여야 한다고 못 박는 것은 못 보았다. 단지 자연스럽게 결론은 하나인 것으로 간주한다.

논리적 글과 말의 핵심은 일목요연하게 명석판명하게 글의 취지를 상대에게 전달하여 공감케하고 설득시키자는 것임은 의심의 여지가 없다. 그런데 결론을 두 개 또는 그 이상으로 만들어내는 것은 도리어 혼란을 야기시킬 가능성이 커서 논리성의 무용론을 증가시키는 결과를 초래하게 될 뿐이다. 인간 사유의 본능에 비추어 볼 때 그리고 논리 정신에 비추어 봐도 한 개 주장에 한 개의 결론이 당연하다. 그러므로 앞에서의 결론도 하나 이상일 수 있는가라는 질문에 대한 답은 이제는 분명하게 '아니다'이다. 그러나 하나의 큰 주장하기에 있어서 중간 단계의 작은 주장하기가 여럿 있을 수는 있는데, 그런 경우는 결론이 여럿일 수 있겠으나, 소위 중간 단계의 결론(intermediate conclusions)으로서, 그것도 역시 결국 큰 최종 결론(final conclusion) 하나를 위한 중간 단계의 가정들일 뿐이다.

예를 들어 포르노그라피 즉 외설문학(猥褻文學)을 옹호하는 주장을 펼친다고 생각해 보자: "자유민주주의 시대에 인간의 표현권은 신성불가침한 것이다. 외설문학이거나 순수문학이거나 예술적 표현으로서는 구분이나 계층이 있을 수 없다. 과거의 외설이 현재의 정통 순수문학으로 평가받는 것은 부지기수인 것을 감안하면 오늘 치부되는 외설류는 불필요한 비판과 탄압으로부터 더 존중되고 보호되어야 한다. 그러므로 포르노그라피 즉 외설문학의 표현권은 존중되어야 마땅하다." 이 주장은 물론 결론이 하나 있는 그리고 주장하기(inference)가 하나 있는 단수 주장(simple argument)이다. 그런데 각각의 가정들을 독자가 받아들이게 하기 위해서는 또한 나름의 설득이 필요하게 되기 때문에 또 다른 작은 주장들이 필요하게 된다. 그런 경우는 복수 주장(complex argument)이 되는데, 예를 들어 '자유민주주의 시대에 인간의 표현권은 신성불가침한 것이다.'는 결론을 가져오기 위해서 작은 또 하나의 주장하기가 필요하다. 말하자면 "자유민주주의 시대에는 국가 사회 집단에 맞서 시민 개개인의 자유와 권리는 보호되어야 한다. 자유 개인권의 전형인 언론 표현의 자유를 필두로 결사 집회의 자유, 주거 이전의 자유 등이 그것이다. 그러므로 인간의 표현권은 불가침이다."라는 주장하기가 필요하다. 그렇다면 큰 주장하기에서 보았을 때는 작은 주장하기에서 결론으로 도출된 "인간 표현권은 불가침이다."는 작은 주장의 결론이면서 동시에 큰 주장의 한 가정일 뿐이다. 그러므로 복수 주장의 경우에서는 외형적으로는 결론이 여럿으로 보일 수 있으나 실제는 단수 주장의 경우와 마찬가지로 역시 한 주장에 결론은 언제나 한 결론이 있을 뿐이다. 결론적으로 항시 '1 주장 1 결론'이다.

다섯째, 주장(arguments)은 논쟁, 논박, 언쟁 즉 말싸움(disputes)과는 적어도 두 가지 점에서 다르다. 첫째는, 논쟁은 주장과 유사하게 나름의 주장의 형태를 사용할 수 있으나 동시에 주장의 형식을 갖추지 않고서도 감정과 의도를 가지고 상대의 입장을 무너뜨리려 할 것이기 때문에 주장이라고 보기는 어렵다. 물론 그 싸움 안에서 나름대로 주장을 활용하는 경우는 있을 수 있을 것이다. 둘째는, 주장이란 언제나 평서문장(declarative sentences)만을 사용하여 사실적, 합리적, 과학적 귀결만을 목표로 하기 때문에 때론 격한 상황에서 소리지르거나 묻거나 수사적인 표현을 쓸 수 있는 논쟁, 언쟁, 논박과는 근본에서 다르다. 말하자면 주장에서는 "증거가 이렇게 있는데도 그 때 네가 그런 비겁한 행동을 하지 않았단 말이냐?"와 같은 의문형이나 "닥쳐라, 이 기회주의자야, 나가!"와 같은 명령문이나 "잘 생각해 봐, 이쯤해서 그만두는 것이 자네에게 이로울 것이네."처럼 충고나 권면의 문장이나 "어찌 브루터스(Brutus) 너마저..."와 같은 시저(Caesar)의 수사적 표현은 쓰지 않는다. 이유는 분명하다. 논리적 사고는 단순 명쾌한 적확성을 추구하여 상대방의 동의를 구하고자 하는 훈련이기 때문에 위와 같은 감정이 많이 실린 또, 때로는 그런 탓으로, 다의적이고 혼돈적인 문장을 수용할 수 없다. 다시 강조하지만 논리는 명료가 목표다. 심지어는 평서문장마저도 여러 가지 해석 가능성이 있다는 탓으로 문자 대신 기호를 써서 표현하려는 현대 논리학의 노력을 눈여겨볼 필요가 있다. 기호논리학이라 하지 않던가. "어제 비가 많이 내렸다"라는 명제를 기호 P라고 표현함으로써 어제 언제쯤, 얼마나 많은 양이, 그리고 어떤 종류의 비가 내렸는가 하는 따위의 쓸데없는 걱정에서 벗어나게 하고 또 문장보다는 단 하나의 부호 P가 우리 시각에 훨씬 쉽게 포착되고 이해된다고 우리가 믿고 있는 점을 활용하여 퍽 용이하게 이해시켜 주고 있다.

4. 생략주장법이란 무엇인가

생략주장법(enthymemes)은 아리스토텔레스(Aristotle)가 처음 사용하여 논리학 세계에 등장하게 되었다. 가정이나 결론의 일부가 생략되어 있는 주장을 생략주장법 또는 생략주장이라고 부른다. 달리 표현하면, 생략주장에서는 주장의 일부분이 생략되는데 그 일부가 이미 내정되거나 내포되어 있다고 볼 수 있기 때문이다. 물론 여기에는 몇 가지 단서가 있다. 첫째, 의도적으로 언급되지 않은 또는 생략된(unstated, unexpressed, suppressed, implied, implicit, tacit) 가정이나 전제가 또는 결론이 결코 주장의 본 취지를 훼손하지 않아야 하며, 아니 가능하다면 생략이 오히려 더 큰 효과를 가져올 수 있어야 한다. 둘째, 가정과 결론이 동시에 생략되는 일은 없다. 그 이유는 그 경우 효과적 전달과 설득이라는 '논리적'이라는 중심이 상실될 것이기 때문이며, 때로는 다소 수사적 표현으로 극적 효과를 거두려는 당초의 목표를 거두기도 어려울 것이기 때문이다. 가정과 결론이 동시에 생략되는 경우라면 선문답(禪問答)의 코미디가 되고 말 것이다. 다수의 예를 들어보자.

"We cannot trust this man, for he has perjured himself in the past."는 가정이 생략된 경우로 다음과 같이 보충하여 복원시킬 수 있다: "Those who perjure themselves cannot be trusted. This man has perjured himself in the past. Thus this man is not to be trusted."

"Segregated public schools are inherently unequal. It follows that segregated public schools violate the Fourteenth Amendment."도 역시 조건의 가정 문장이 생략된 경우로 다음과 같이 보충하여 복원시킬 수 있다: 'If segregated public schools are inherently unequal, then they violate the Fourteenth Amendment. And they are inherently unequal. It follows that segregated public schools violate the Fourteenth Amendment.'

"모든 곤충은 여섯 개의 다리를 가지고 있다. 그러므로 장수말벌은 여섯 개의 다리를 가지고 있다."도 가정이 생략된 경우로 아래와 같이 보완하여 복원시킬 수 있다: "모든 곤충은 여섯 개의 다리를 가지고 있다. 장수말벌은 곤충이다. 그러므로 장수말벌은 여섯 개의 다리를 가지고 있다."

"나폴레옹이 독일 사람이면 그는 유럽 사람이다. 그러므로 나폴레옹은 독일 사람이 아니다."도 가정이 생략된 경우인데 보태면 다음과 같다: "나폴레옹이 독일 사람이면 그는 유럽 사람이다. 그는 유럽 사람이 아니다. 그러므로 나폴레옹은 독일 사람이 아니다."

“The bigger the burger the better the burger. The burgers are bigger at Burger King.”은 결론이 생략된 경우로 다음과 같이 보충하는 것이 명백하다: “The bigger the burger the better the burger. The burgers are bigger at Burger King. So the burgers are better at Burger King.”

“평양은 서북면에 위치한 중심 도시다. 서북면 평안도에 위치한 도시들은 한결같이 풍광이 수려하다.”도 결론이 생략된 경우로 아래와 같이 보충해 볼 수 있다: “평양은 서북면에 위치한 중심 도시다. 서북면 평안도에 위치한 도시들은 한결같이 풍광이 수려하다. 그래서 평양은 풍광이 수려하다.”

“단국대학교는 전통 있는 사립 명문대이거나 신생 국립 명문대이다. 단국대학교는 신생 국립 명문대가 아니다.”도 결론이 생략된 것으로 아래와 같이 보충할 수 있다: “단국대학교는 전통 있는 사립 명문대이거나 신생 국립 명문대이다. 단국대학교는 신생 국립 명문대가 아니다. 고로 단국대학교는 전통 있는 사립 명문대이다.”

서양의 사유정신사에는 우리와 비교해서 반복을 극히 더 꺼리는 경향이 있다. 더구나 영어에는 장황을 금기시 하는 전통마저 있다. 정확히 그 근원을 한 마디로 요약하여 말하기는 어려워도 여러 군데 이유가 될 만한 다수의 흔적이 남아 있다. 여기 생략주장도 이러한 사연의 일단을 보여주고 있다고 필자는 생각하고 있다. 언어의 경제를 단적으로 보여주는 것으로는 불필요한 다수성을 가정 말라고 경고하는 오캄의 면도날(William of Ockham's Razor)이 있겠고, 오늘날 대명사가 더욱 세분화되어 있고 더 빈번하게 쓰이고 있는 것도 반복을 거부하고 단순을 선호하는 좋은 예가 될 수 있다. 18세기 영국의 고독한 시인 포프(Alexander Pope)가 처음으로 "To err is human, to forgive divine."이라고 썼다. 문법을 따르자면 "To err is human, to forgive is divine."이 맞을 것이다. 그러나 뒤의 'is'는 반복하지 않아도, 아니 차라리 반복하지 않는 것이, 더 잘 이해되었다. 이 후로는 오히려 'is'를 되풀이 하는 것은 거의 틀린 것으로 간주되고 있다. 그리고 수많은 대명사와 대동사의 사용으로 반복을 거부하고 단순 명쾌를 추구하는 언어 영어의 성격을 독자들은 잘 알 것이다. 그렇다면 여기 소개되는 생략주장은 논리에 있어서 서양의 사고방식을 잘 반영하는 한 경우임을 알 수 있다. 논리적 주장에 있어서 생략주장은, 앞에서 언급한 단서 조항만 잘 유지한다면, 아무 결함을 가지지 않는 정당한 주장임을 알 수 있다. 생략주장은 당당한 주장이다.

나중에 '제6장 유추: 유사와 모형에 의한 주장'을 설명하면서 다시 언급하겠지만 여기서 잠깐 소개하고 지나가려는 마지막 한 가지는 다음과 같다. 상황의 유사함을 활용하여 자기 주장을 펼치는 방법을 유사적 주장이라고 하는데 사실적 유사적 주장과 도덕적 유사적 주장이 있다. 전자는 사실 상황이 A, B 두 경우에서 닮았다는 것이고, 후자는 윤리적 가치 측면에서 A, B 두 경우가 유사하다는 것이다. 그런데 후자 도덕적 유사적 주장에 있어서는 늘 유사한 행위에 대해서는 유사한 방식으로 처리되어야 한다는, 말하자면 상을 주거나 벌을 주어야 한다는, 정의와 공정과 평등의 추상적 원리가 보통 생략되어 있다. 그러므로 도덕적 유사적 주장은 일종의 생략주장인 셈이다. 예를 들면, "Maria plagiarized her professor's metaphysics paper last semester and was penalized by 100 dollar fine. Theresa did the same thing. Therefore Theresa also should be penalized in a parallel way."는 다음과 같이 생략된 내재된 하나의 가정을 추상과 형식의 원리로 추가하여 온전히 표현할 수 있다: "Maria plagiarized her professor's metaphysics paper last semester and was penalized by 100 dollar fine. Theresa did the same thing. Justice demands that similar cases should be treated in similar ways. Clearly, then, Theresa also should be penalized in a parallel way." 그런데 이 문제는 유사적 주장을 공부할 때 본격적으로 등장시키기로 한다.

5. 더 생각할 문제

이 장에서 더 생각할 문제로는 어떤 것이 있을까? 얼른 떠오르는 것이 몇 가지 있을 것이다. 첫째, 주장, 논술, 논의, 논쟁, 논박, 언쟁, 단언, 추론 등은 어떻게 좀 다른가? 이런 용어들이 쓸데없는 종류를 부추겨 오히려 혼란을 야기하지는 않는가? 아니면 문제없는가? 둘째, 주장에 쓰이는 문장을 sentence, statement, proposition, claim 등으로 부르는데 표현에 동의하는가? 문장, 진술, 언명, 명제, 요구,

요청, 단언, 단정 등의 해석은 괜찮은가? 특히 문장을 claim으로 호칭하는 것은 좀 더 특별한 의미가 없겠는가? 지역 동사무소에 가면, 요즘은 주민센터라고들 하는 모양인데, 민원을 claim이라고 써 두었던데 어떻게 이해하면 좋은가? 셋째, 예를 들어, 우리가 어떤 문장을 읽어내려 가거나 또는 어떤 강연을 청강할 때, 그 저자가 어떤 "주장"을 지지하기 위해서 증거를 제시하려하는지, 아니면 검증이 요청되지 않는 이미 발생한 사실을 그냥 "설명"하려 하는 것인지 알아내기 위해서는 간단없는 주의와 준비된 회의주의가 늘 요청되지 않겠는가. 어떤 성찰이 도움이 될까? 넷째, 우리 언어 관습이나 사유에 비추어 생략주장이 쉽게 정착할 수 있을까? 필자가 보기에는 우리는 물론 반복하는 것을 환영할 리 없으나 반복을 영어만큼 꺼리지는 않는 것 같다. 아주 비근한 예로도, "안중근은 일본 제국주의의 총수 이등박문이 하얼빈을 방문한다는 소식을 블라디보스토크에서 처음 접한다. 그리고 그 때 안중근은 [그는] 이등박문과 [그와] 생과 사의 한판의 진검 승부를 하고야 말겠다는 것을 하늘에 맹세하게 된다. 그러므로 대한독립을 위한 단지(斷指)의 결의를 한 안중근의 [그의] 하얼빈 역두에서 이등박문의 [그의] 저격은 이미 예정되어 있었던 것이다."에서 확실해진다. 우리 언어 관습으로는 [그의] [그와] [그는] 따위는 써도 되고 안 써도 대체로 무방하다. 그리고 남성 여성 구분 없이 그냥 [그]라고 해도 좋다. 여성의 경우에 굳이 [그녀]라고 하지 않는다는 것이다. 그러나 영어의 경우라면 이름을 반복하는 방식으로 글을 전개한다면, 어떤 특수 상황이 아니라면, 매우 부적절함을 면치 못할 것이다. 현재 우리 언어 관습에서 보았을 때 우리에게 생략주장은 가능할까, 그리고 바람직할까?

6. 토론할 주제들

1) 우리 동양사회가 서양사회와 비교하여, 또는 한국사람들이 미국사람들에 비교해서, 덜 논리적이라고 말하는 데 동의하는가? 왜? 동의하지 않는가? 왜?
2) 제반 과학에 비해서 문학이나 예술에서는 논리성의 추구가 상대적으로 치열하지 못한 것 같다. 문학과 예술 분야에서의 논리성의 의미에 관해서 토론해 보자.
3) 논리학은 조건(conditional)과 가설(hypothetical)의 학문이라고 한다. 논리학의 본질을 파악하는 데 사뭇 의미심장한 표현일 것이다. 의미하는 바가 무엇인지 그룹으로 나눠 토론해 보자.
4) 소위 가리킴어 즉 가정 가리킴어(premise indicators)나 결론 가리킴어(conclusion indicators)는 주장을 구성하는 문장이나 명제의 부분이 될 수 없다고 볼 수 있는데 이 말은 무엇을 의미하는가?
5) 인류는 전통적으로 두 개의 가정과 한 개의 결론을 사용하여 자기 주장을 구성하였다. 삼단논법(三段論法)이 그 대표적인 경우다. 주지하듯이, 그렇다고 가정이 꼭 둘이어야 할 이유는 없는 것 같다. 하나일 수도 셋일 수도 있고 혹 넷일 수도 있을

것이다. 왜 전통적으로 사람들은 두 개의 가정을 통해서 하나의 결론을 도출하고 또 종내에는 하나의 주장을 전개하려 했을까 궁금하다. 우리의 전통시의 역사에서도 삼행시(三行詩)가 유행하였다. 초장 중장 종장의 삼행을 통해서 자기의 의사표현을 상대에게 하였던 것이다. 이행도 사행도 오행도 아니었다. 연관시켜서 검토해 보자.

6) 철학에서 구분(distinctions)은 항상 중요하다. 그래서 "철학은 구분이다."라고 말하는 사람도 있다. arguments, disputes, explanations를 어떻게 구분하면 좋을지, 어떤 본질적인 차이가 있는지, 구체적 예를 들어 가면서 더 연구 검토하자.
7) 설명(explanation)과 주장(argument)은 어떻게 다른가?
8) 다음은 유우석(劉禹錫)의 석두성(石頭城)이라는 시다. 주장으로 볼 수 있는가, 왜? 주장이 아닌가, 왜?:

山圍故國周遭在 산위고국주조재
潮打空城寂寞回 조타공성적막회
淮水東邊舊時月 회수동변구시월
夜深還過女墻來 야심환과여장래
산은 고국을 에워 사방에 있고
조숫물은 빈성 치고 쓸쓸히 돌아간다
회수 동변에는 옛적 달이 여전히 비추고
밤이 깊어 성의 담장을 지나 다시 돌아온다

9) 다음은 주장인가, 왜? 주장이 아닌가, 왜?:

The two classic theories of punishment, the retributivist and utilitarian theories, are competing each other. The retributivist theory of punishment is essentially correct from the logical point of view in that it fits our intuition more fundamentally which demands either 'good for good' or 'evil for evil' for justice. Besides the retributivist theory excels the utilitarian theory in that only the former in the practice of punishment is able to defend the equality of individual rights successfully. I, ergo, regard legal punishment as individual equality.

10) 다음은 주장인가, 왜? 주장이 아닌가, 왜?:

이번 행정부가 적극적 사회복지정책을 포기한다면 저소득층의 소득은 더욱 위축될 것이다. 저소득층의 소득이 더욱 위축되면 그들은 결국 거리로 내몰리고 말 것이다. 그들이 결국 거리로 내몰리고 말게 되면 그들은 종내에는 고소득층과 중산층을 크게 위협하게 될 것이고 사회의 전체 균형과 조화와 성장은 무너지게 될 것이다. 그러므로 사회복지정책의 포기가 저소득층을 거리로 내몰 것이다.

제2장
주장의 종류와 구조와 특성

1. 단수주장과 복수주장의 구분

주장은 구분의 기준을 무엇으로 어떻게 하느냐에 따라서 여러 가지 종류로 나눌 수 있다. 좋은 주장 나쁜 주장, 약한 주장 강한 주장, 도출적 주장 비도출적 주장, 도덕적 주장 사실적 주장, 단수 주장 복수 주장 등이 그것이다. 여기서는 단수주장 또는 단순한 주장(simple argument)과 복수 또는 복합적 주장 또는 확대 주장(complex or extended argument)의 구분에 대해 설명하고자 한다. 전자는 주장하기가 하나 있는 경우이고 즉 소위 추론이 딱 한 번 이루어지는 경우이고, 후자는 주장하기가 두 개 이상 들어 있는 경우 즉 추론이 두 번 이상 이루어지는 경우다. 제1장에서 이미 소개되었던 소크라테스의 경우나, 건강보험에 관한 상황이나, 무장한 여자의 경우는 당연히 단수 주장이고, 낙태 허용론이나, 긴축 재정 이론이나, 포르노그라피 표현 권리의 사건들은 복수주장의 예가 된다. 우선 구분이 중요하겠다. 그런데 그 구분보다 더욱 중요한 것은 각각의 주장의 표준형이 있는데 그것을 숙지하는 일이다. 우리는 늘 표준형을 써서 우리의 주장을 표현할 것이기 때문이다. 주장의 표준형에서는 주장의 구조 즉 골격이 잘 드러나는데 그것을 이해하면 주장의 특성 즉 본성, 본질, 본령을 더 잘 이해할 수 있다.

2. 표준형을 써서 단수주장을 표현하기

주장하기가 단 하나만 있는 단수주장은 표준형으로는 반드시 다음과 같이 표시한다. 즉 가정과 결론 사이에 길게 선(bar, line)을 그어 구분한다. 그리고 그 선은 '그러므로(therefore)'라고 읽는다. 그러므로 선을 그어 놓고서 다시 결론 문장 앞에 '그러므로(therefore)'를 결코 반복하여 써서는 안 된다. 또 혹 수학에 쓰이는 기호로 ∴ 등을 써서 선긋기에 대체하는 수가 종종 있는데 사용에 있어서 보편성이 많이 떨어진다. 그런 탓으로 쓸 수는 있으나 이것 또한 여기서는 쓰지 않기로 한다. 이 책에서는 물론 후일 어느 논문에서도 어떤 국제회의에서도 보다 널리 통용되는 방법을 좇는 것이 바람직스럽다. 결론적으로 우리는 향후 항상 가정과 결론 사이에 선을 그어 단수주장을 표시하기로 정한다.

John is the person who won the race.
The person who won the race got a prize.
____

John got a prize.

Strikes by public employees are illegal.
The teachers at PS 197 are public employees.

The strike by the teachers at PS 197 is illegal.

All deliberate killing of helpless persons is wrong.
Euthanasia is a deliberate killing of helpless person.

Euthanasia is wrong.

모든 법은 자유의 침범이다.

모든 법은 일종의 악마다.

잘 통제된 시민군은 자유국가의 안전에 필수적이다.

무기를 소지하고 무장할 시민의 권리는 침해되어서는 안 된다.

그대가 투표하지 않는다면 그대의 조국은 정상적으로 작동하지 않는다.

그대는 투표하여야 한다.

학문의 세계에서 뿐만이 아니라 일상에서도 가장 광범위하게 활용되는 단수주장의 표준형 표현법을 알았으니 필요하면 사용할 일이다. 논리학 시험에서 필요해서 쓰기도 하려니와 어떤 보고서나 논문 작성에서도 자기가 써 내려가는 입장을 길게 설명하였다가 독자의 이해를 돕기 위해서 적당한 때에 일목요연하게 표준형으로 정리하면 효과가 있을 것이다. 가령 사형제도(capital punishment)를 지지하는 글을 쓴다고 해보자. 글을 써내려가는 중에 어느 때에 독자의 이해를 돕기 위해서 그리고 취지를 새롭게 하기 위해서 재정리할 필요가 있다고 판단되면 다음과 같이 밝혀주면 크게 도움이 될 것이다.

착한 일에는 상을 주고 악한 일을 하면 벌을 주는 것이 인간 상식이고 상정이다.
더 착한 일에는 더 많은 상을 주고 더 악한 일을 하면 더 엄한 벌을 주어야 한다.
이런 계층적 상응적 되갚는(retributive) 상벌이 주어져야 한다고 정의는 주장하고 있다.
게다가 소위 종신형으로는 사형제에 버금가는 대체적 억제 효과를 거둘 수 없음이 통계적으로 드러났다.

일급 살인을 저지른 사람은 사형에 처해야 한다.

이렇게 단정하게 정리된 주장을 읽는 독자는 두 가지 점에서 안도할 것이다. 첫째, 다소 이해가 부족했었던 부분을 채워주어서 좋아할 것이고, 둘째, 글 쓰는 사람이 논리적 훈련이 되어 있다는 사실에서도 신뢰가 갈 것이다. 글을 읽거나 강연을 듣거나 또는 후보를 면접하는 사람이라면 평가에 있어서 이런 표준형 사용에 더 후한 점수를 주지 않을까. 이런 것을 필자는 '득점(得點)하는' 글쓰기나 말하기라고 부른다. 늘 득점해야 하지 않겠는가. 득점은 보상적이어서 즐겁다.

3. 표준형을 써서 복수주장을 표현하기

여기서 소개되는 '표준형(standard form)을 써서 복수주장을 표현하기'나 다음에 소개되는 '도표(diagram)를 써서 표현하기'는 형식상 전략적으로 다분히 먼슨(Munson)과 콘웨이(Conway)의 저서 주장하기에 있어서 기초가 되는 규칙들(*Basics of Reasoning*)을 따랐다. 그러므로 주지하듯이 다수의 다른 논리학자들은 그 외의 다른 여러 가지 방식으로 복수주장을 표현하고 전개하고 있는 것은 더 말할 나위가 없다. 위에서 소개한 단수주장 기술하기를 이해한 바로는 주장하기가 복수로 들어 있는 경우라면 단수주장의 표준형처럼 나타내기는 사실상 어렵다. 복수주장의 골격인 그 구조를 잘 드러내기 위해서는 좀 더 복잡하면서도 기량이 있는 방식이 필요하다. 어떤 복수주장은, 이것이 가장 전형적인 것으로, 가정들을 통해서 그리고 그 가정들을 위한 가정들을 통해서 한 결론을 끌어내는 것이다. 그래서 중간 단계 주장의 결론들이 결국 최종 결론을 위한 가정으로 쓰인다. (예를 들어 낙태(落胎) 지지의 입장을 결론으로 도출시키기 위해서는 물론 몇 가지 가정이 필요할 것이다. 태아를 통치할 권리가 임신자에게 있다든지, 가능성의 인간으로서의 태아보다는 현실적 인간으로서의 임신 여성의 생명권이 우선한다든지, 낙태와 관련한 가장 밀접한 이해관계 당사자는 다름 아닌 임신자 어머니여서 그녀가 낙태와 관련하여 가장 바람직한 합리적 판단을 내릴 수 있는 사람이라는 따위다. 그래서 낙태는 허용되어야 한다든지 즉 임신 여성의 재생산권리는 존중되어야 한다고 주장할 수 있을 것이다. 그러나 이런 주장을 펼치는데 있어서 각각의 가정들은 그 가정을 끄집어내오기 위해서 각각의 또 다른 주장하기가 필요하다는 말이다. 즉 과연 임신자는 태아를 포함한 자기 신체에 대해서 절대통치권을 갖는가, 태아보다는 임신여성의 생명권은 정말 우위에 있는가, 그리고 진짜 임신의 어머니가 낙태와 관련한 가장 합리적 판단을 내릴 수 있다고 단언할 수 있는가 등등을 우선적으로 설득시킬 수 있어야 한다는 말이 된다.) 또 어떤 복수주장은 여러 개의 서로 밀접하게 관련된 결론들을 동시에 도출하는 것을 목표하기도 한다. 또 다른 어떤 복수주장은 똑 같은 결론을 지지하기 위해서 여러 가지 다른 주장을 사용하는 경우다. 자 그렇다면 먼저 다음과 같은 주장을 검토해 보자.

우리 남한 대한민국 인구의 6배가 넘는 미합중국의 국회의원수는

535명인데 우리 한국은 300명이다. 그러므로 한국 국회의원수는 너무 많아서 줄여야 한다. 유럽을 비롯한 여러 선진 사회를 검토해 보아도 입법기구의 의원수는 인구수에 비례하는 하는 것이 대세고 통례이고 합리적이다. 그래서 분명한 것은 한국 국회의원수는 100명이 적정수가 되도록 법을 개정하여야 한다.

얼핏 보기에는 그냥 4개 문장으로 구성된 단수주장인데 실은 주장하기가 2개 들어 있어서 복수주장이다. 이 복수주장의 경우는, 표준형으로 써 보자면, 먼저 그 주장들을 순서대로 써 내려가기로 한다. 또 당연히 혼돈을 피하기 위해서 그 때 각각의 주장에서 '가정을 먼저 결론을 나중에'의 형태를 취하기로 하자. (그러므로 가정의 순서가 결론을 도출하는 데 영향을 끼치지 않는다는 주장의 일반론은 여기서는 편의상 잠시 잊기로 한다.) 또 각 문장 앞에 순차적으로 번호를 매기기로 한다. 그리고, 중요한 것은, 문장 뒤에는 바로 그 문장이 생겨나는데 기여한 문장의 번호를 이어서 병기하기로 하자. 즉 가정과 결론의 관계를 밝히자는 것이다. 그러면 일단 다음과 같이 정리될 것이다.

1. 우리 인구의 6배가 넘는 미국의 국회의원 수는 535명인데 우리 한국은 300명이다.
2. 한국 국회의원 수는 너무 많아 줄여야 한다. 1
3. 여러 선진사회를 검토해보아도 입법기구의 의원 수는 인구수에 비례하는 것이 대세고 통례이고 합리적이다.

4. 한국 국회의원 수는 100명이 적정수가 되도록 법을 개정하여야 한다. 2, 3

앞의 1, 2, 3, 4는 문장 순서이고 문장 뒤의 숫자는 그 문장이 결론으로 도출되는데 가정이 된 가정의 문장 순서의 번호를 가리킨다. 말하자면 두 번째 문장 즉 중간단계의 잠정적 결론은 첫 번째 문장이 가정이되어 확보된 것이고, 네 번째 문장 즉 또 하나의 잠정적 결론은, 물론 이것이 동시에 최종 결론인데, 두 번째와 세 번째 문장이 가정이 되어 얻어진 것이라는 것을 알기 쉽게 보여주고 있다. 그러므로 위 주장은 1을 가정으로 2라는 결론이 나왔고 그 결론은 새로운 하나의 가정이 되어 또 하나의 다른 가정 3과 함께 최종적으로 결론 4를 도출하게 된다. 즉 이 주장은 복수주장이고 또한 복수주장의 표준형으로 나타내진 것이다.

복수주장을 하나 더 검토해 보자.

대한민국 정부 수립 후 지금까지 정치사를 돌이켜 보았을 때 한국 국회의원들은 일반 국민들보다 훨씬 더 많은 부를 누려 왔다. 그래서 한국 국회가 일반 서민들의 필요와 염원을 대변해 오지도 못했고 또 대변할 수도 없다고 본다. 이처럼 일반 시민과 너무 멀어진 입법 기구는 현재와 같은 권력을 지속적으로 유지하는 것은 문제가 있다는 것이 분명하다. 그러므로, 정의롭기로는, 국회의원들이 유지하는 현 권력을 대폭 제한하거나 보다 분산시키는 방식으로 헌법은 수정되어야 한다.

위에서 설명한 지침을 따르기로 한다면 다음과 같이 전개될 것이다.

1. 대한민국 정부 수립 후 지금까지 정치사를 돌이켜 보았을 때 국회의원들은 일반 국민들보다 훨씬 더 많은 부를 누려왔다.
2. 한국 국회가 일반 서민들의 필요와 염원을 대변해 오지도 못했고 또 대변할 수도 없다고 본다. 1
3. 이처럼 일반 시민과 너무 멀어진 입법기구는 현재와 같은 권력을 지속적으로 유지하는 것은 문제가 있다는 것이 분명하다.
4. 정의롭기로는, 국회의원들이 유지하는 현 권력을 대폭 제한하거나 보다 분산시키는 방식으로 헌법은 수정되어야 한다. 2, 3

즉 1이라는 가정을 통해서 2라는 결론이 나왔고 그 2가 또 하나의 가정 3과 함께 새로운 가정이 되어 최종적 결론 4를 도출하게 되었다. 중간단계의 결론과 최종 결론이 있다는 것만으로도 이 주장이 복수주장이라는 것을 쉽게 알 수 있다.

유형이 좀 다른 복수주장을 하나 더 검토해 보자.

The Prince needed...a designer for his court festivals, for they were to emulate those of the Medici; a court portrait painter, for the Prince must be presented both at home and abroad as a man-at-arms and the perfect cortigiano; an expert on hydraulics, for his gardens must outshine Pratolino; and even an engraver, for the visual arts of his court must be taken to the people through the art of mass reproduction.

이 경우는 '여러 개'의 주장을 동시 나열하는 복수주장이 되겠는데 표준형으로 써보면 다음과 같이 될 것이다.

1. They were to emulate those of the Medici.
2. The Prince needed....a designer for his court festivals. 1
3. The Prince must be presented both at home and abroad as a man-at-arms and the perfect cortigiano.
4. The Prince needed a court portrait painter. 3
5. His gardens must outshine Pratolino.
6. The Prince needed an expert on hydraulics. 5
7. The visual arts of his court must be taken to the people through the art of mass reproduction.
8. The Prince needed even an engraver. 7

말하자면 문장 1이 가정이 되어 문장 2라는 결론이 도출되고, 동시에 문장 3이 가정이 되어 문장 4라는 결론이 도출되며, 동시에 문장 5가 가정이 되어 문장 6이라는 결론이 도출되고, 동시에 문장 7이 가정이 되어 문장 8이라는 결론이 도출되고 있다. 그리고 2, 4, 6, 8은 여러 다른 주장하기를 통해서 마련된 서로 아주 밀접하게 관련된 결론들이라는 특징이 있다.

4. 도표를 써서 표현하기

앞에서 우리는 문장의 주장을 단수주장이거나 복수주장이거나 표준형을 이용하여 한결 손쉽게 파악하게끔 하였다. 그러나 더욱 용이하게 주장을 파악하고 표현하려는 우리의 욕망은 여기서 그치지 않는다. 즉 더욱 간결하게 만들어 일목요연하게 이해하는 방법을 찾아내고자 한다. 그 중 한 가지가 도표(diagrams)를 사용하는 것인데 우리의 감각 기관 중 특히 시각의 광범한 즉각적 인식 능력을 적극 활용하는 방법이다. 곧 도표화는 주장의 문장의 뼈대 즉 구조를 선명히 드러내 눈에 보이게 하는 주장을 효과적으로 파악하게 하는 또 하나의 대안책인 셈이다.

그래서 다음과 같은 간단한 단수주장은 이렇게 단계적으로 표현한다:

그녀는 자살 전 자신의 아이들을 살해하였다. 왜냐면 그녀 없이는 아이들이 세상을 정상적으로 살아갈 수 없다고 판단하였기 때문이다.

1 [그녀 없이는 아이들이 세상을 정상적으로 살아갈 수 없다고 판단하였다.]

2 [그녀는 자살 전 자신의 아이들을 살해하였다.]

1
↓
2

하나 더 검토해 보자.

정치철학 분야의 권위자인 반배금(反拜金) 박사는 한국의 정치활동에는 법이 허용하는 것보다 훨씬 더 많은 돈이 들어간다는 것을 절감하였다. 그녀는 아무리 좋은 큰 계획을 가졌다하더라도 불법으로 하는 정치활동에는 스스로 동의할 수 없었다. 게다가 유권자들의 정치권력과의 지나친 구린 유착에 내심으로 깊은 회의와 자괴감을 점점 더 맛보아가고 있었다. 끝내 그녀는 한국정계로의 진출을 단념하여야 했다.

1 [정치철학 분야의 권위자인 반배금(反拜金) 박사는 한국의 정치활동에는 법이 허용하는 것보다 훨씬 더 많은 돈이 들어간다는 것을 절감하였다.]
2 [그녀는 아무리 좋은 큰 계획을 가졌다하더라도 불법으로 하는 정치활동에는 스스로 동의할 수 없었다.]
3 [유권자들의 정치권력과의 지나친 구린 유착에 내심으로 깊은 회의와 자괴감을 점점 더 맛보아가고 있었다.]
4 [그녀는 한국정계로의 진출을 단념하여야 했다.]

$$\frac{1 + 2 + 3}{\downarrow}$$

4

도표활용 표현의 단순 명쾌함에 감동을 받았을 것으로 짐작하는데, 이제 도표를 사용해서, 복수주장을 표현해보자.

[W]ealth is not sought except for the sake of something else, because of itself it brings us no good, but only when we use it, whether for the support of the body or for some similar purpose. Now the highest good is sought for its own, and not for another's sake. Therefore wealth is not man's highest good.

1 [Of itself it brings us no good, but only when we use it, whether for the support of the body or for some similar purpose.]

2 [Wealth is not sought except for the sake of something else.]

3 [The highest good is sought for its own, and not for another's sake.]

4 [Wealth is not man's highest good.]

1

↓

2 + 3
―――
↓

4

이번에는 다음과 같은 복수주장을 하나 더 검토해 보자. 이 경우는 내용상 전체적으로 재구성을 필요로 한다. 글의 순서가 그대로 일반적으로 주장을 펼치는 순서와 꼭 일치하지 않을 수 있음을 보여주고 있다. 우리가 말과 글을 함에 있어서 충분히 발생할 수 있는 사례이니 놀랄 일이 아니다.

> Morals and reason are mutually independent. Since morals...have an influence on the actions and affections, it follows that they[morals] cannot be derived from reason;...because reason alone as we have already prov'd can never have any such influence.

1 [Morals have an influence on the actions and affections.]

2 [Reason alone as we have already prov'd can never have any such influence.]

3 [Morals cannot be derived from reason.]

4 [Morals and reason are mutually independent.]

$$\frac{1 + 2}{\downarrow}$$

3

↓

4

5. 주장과 설명

교육뿐만 아니라 법률 외교 비즈니스 등에서 광범위하게 쓰이는 주장과 설명은 서로 유사한 탓으로 가끔 구별 없이 잘못 쓰이고 있으나 주장과 설명은 다르다. 그래서 구분되어야 하는데 중요하다. 이미 앞서 주장과 설명의 차이를 약간 다룬 셈이나 여기서 좀 더 명확한 정리를 해두고자 한다. 어떤 문장들은 주장을 가지고 있고 또 어떤 문장들은 설명을 가지고 있으며 또 다른 어떤 문장들은 설명도 주장도 아니 가질 수 있다. 주장과 설명의 차이는 제1장의 허두에서 주장을 정의하면서 아주 짧게 언급이 되었지만 본격적인 차이를 비교 설명했던 것은 아니었다. 여기서는 충분히 검토해야 한다. 우선 우리는 주장을 구성하고 있는 문장들의 집합과 설명을 구성하고 있는 문장들의 집합의 차이를 주목하여야 필요가 있다. 그리고 그 차이의 파악은 매우 중요하다. 주장은 가정과 결론의 문장들이 도출적이거나 인과적 관계로 구성되어 있으며 그 가정들의 합이 결론의 문장을 구성하는 관계이다. 설명은 어떤 주제에 대한 이해를 위한 묘사나 기술일 뿐 설명에는 그런 가정 결론의 관계는 존재하지 않는다. 그러나 이것은 구분에 관한 일반적인 서술로서 여전히 이해하는데 부족과 불분명이 남을 수 있다.

그러면 그 차이를 예를 들어 설명해 보자. 그녀는 왜 또는 어떻게 자살했는가를 설명하는 것과 그녀가 자살했다고 주장하는 것은 같지 않다. 그녀가 자살했다고 주장하는 것은 그 자살 주장을 수용하기 위한 근거와 이유를 제공하는 다른 문장이나 명제나 진술을 필요로 하지만, 그녀가 왜 어떻게 해서 자살했는가에 대한 설명은 자살한 것은 이미 저질러진 사실로 전제하고 그 자살 사실의 까닭을 설명하는 것이다. 차이가 있지 않는가. 또 한 사람이 내일 비가 오리라고 다른 사람을 설득시키고자 한다. 일기예보를 인용하고, 대기중의 습한 한기를 지적하고, 다람쥐들이 서둘러 도토리를 숨기는 것을 예로 들면서 다른 사람이 믿도록 주장하는 것이다. 그런데 두 사람이 함께 한랭전선이 몰려오고 대기가 습하게 느껴져서 내일은 눈이 내릴 것이라고 설명할 수 있다. 상황이 밝게 말하는 설명으로 동의를 얻어내려고 말하는 설득과는 다르다. 또는 이렇게 생각해보자. 글의 목적에 초점을 맞춰보자는 말이다. 우리가 어떤 명제가 진실인가를 밝히려 한다면 우리는 그 명제를 위해서 증거를 제공해야 한다. 그래야 그 증거를 바탕으로 해서 밝히고자 하는 명제의 진실성을 규명할 것이기 때문이다. 이 경우는 주장을 통해서 그 명제가 지지받고 또한 증거는 지지하고 있는 것이다. 그러나 그 명제가 이미 참이라는 것이 알려진 상태라면 우리가 새삼스럽게 참의 근거와 이유를 제공할 필요가 없으며 단지 왜 참인가를 부연하여 설명하면 된다.

설명과 주장의 구분이 그래도 마냥 쉽지 않은데, 설상가상으로, 주장의 존재를 쉽게 파악하는 데 도움이 되는 주장의 지칭어도 때로는 쓸모가 없다는 점을 생각하면 주장과 설명을 구분하는 일이 더욱 만만한 일이 아님을 알 수 있다. 우리가 알고 있듯이 'Since, Because, For, The reason is that'은 가정이 수반한다는 것을 가리키는 지칭어이고, 'Therefore, So, Thus, Ergo, Hence, It follows that'은 결론이 뒤따른다는 지칭어라지만 이들이 때론 다른 기능을 가지기 일쑤여서 믿고 안심할 수만은 없다. 때때로 글쓴이가 어떤 문단을 주장으로 사용하는지 설명으로 쓰고 있는지 불분명해서 소위 'Since'나 'For'나 'Thus'나 'Therefore' 따위가 문제 해결에 도움이 되지 않는다. 그 이유는 이런 지칭어들이 주장에서는 물론 설명에서도 각각 적절하게 쓰일 수 있기 때문이다. 그러나 주의할 점은 혹 그런 가정 지칭어나 결론 지칭어가 쓰이면서도 실제는 그에 부합하지 않는 경우가 종종 있다고 해서 우리가 따라 할 일은 아니라고 본다. 어떤 작자가 그렇게 쓴 경우는 우리는 애써서 그 구분에 힘쓸 일이지만 우리는 가정 지칭어는 가정을 불러올 때 쓰고 결론 지칭어는 마땅히 결론을 불러올 때 써야 한다.

그렇다면 다음은 주장들이다.

Changes are real. Now, changes are only possible in time, and therefore time must be something real.

Since private business is the most effective instrument of economic change, the government should utilize the resources of private business in its economic planning and decision making.

Those who opposed the war by resistance to Selective Service may not fairly be charged with violating their moral obligation to obey the law of the land. For a condition of that obligation has been violated by government, and in so doing, government has forfeited its moral right to call upon citizens for obedience in this area.

그래서 다음은 지칭어 사용에도 불구하고 주장이 아니라 설명이다.

Therefore is the name of it [the tower] called Babel; because the Lord did there confound the language of all the earth.

The orbits of the planets are approximately elliptical because of their small mass relative to the sun and the mutual gravitational pull of any object in the universe on any other object.

Sierra Leone became a crown colony in 1808 not because it flourished, but because it failed. Burdened by war and stagnant trade, the private Sierra Leone Company could not cover its costs, and a

Government that had just abolished the slave trade felt obliged to adopt it.

어떤 문장들의 결합이 나름의 주장인지, 단순한 설명인지 파악하는 것은 쉽지 만은 않은 데 여러 가지 이유가 있을 수 있다. 첫째, 필자의 의도가 불분명해서 그럴 수 있겠고, 둘째, 주어진 정보가 충분하지 못해서 그럴 수가 있으며, 셋째, 우리들 독자가 주장과 설명을 구분하고 파악하는 데 논리적 훈련의 부족으로 충분히 유능하지 못해서 그럴 수도 있을 것이다. 무엇보다도 둘째와 셋째의 경우는 우리의 노력으로 극복해야 할 부분이지 않겠는가. 반복하건데, 그녀가 왜 자살했는가를 설명하는 것하고 그녀가 자살했다고 주장하는 것 사이의 큰 차이를 구분하지 못한다는 것은 상상하고 싶지도 않을 것이다. 실로 엄청난 차이 아니겠는가. 설명과 주장의 차이뿐만 아니라 다른 많은 개념의 차별이나 운용에 있어서도 논리학은 기여하는데, 수학처럼 확실하고 유용한 공식이 있지는 않지만, 부단한 연습을 통해서 우리는 놀랍게 논리적으로 될 수 있다고 논리학자들은 입을 모은다. 그 누구도 논리적 기술을 타고 나지 않는다. 수준 있는 논리적 기술을 개발하기까지는, 마치 악기를 연주하거나 체조를 연기하는 것처럼, 지속적인 노력이 필요하다고 또한 조언한다.

6. 조건명제와 선택명제의 논리적 값어치

주장을 더 잘 이해하기 위해서, 즉 주장의 틀 즉 구조를 더 잘 이해하기 위해서, 마지막으로 한 가지 더 검토해야 할 것은 조건명제(Conditional Propositions)와 선택명제(Disjunctive Propositions)의 논리적 값에 관한 것이다. 결론부터 말하면, 조건명제 'If... then...' 그리고 그 부정인 Unless 즉 'If not...then...'을 두 문장이나 명제로 이해하거나, 선택명제인 'Either...or...'를 또한 두 문장이나 명제로 이해하는 경우가 있는데 모두 아주 잘못된 것이다.

먼저 조건명제를 검토해 보자. 예를 들어 "만일 테레사가 안락사를 지지 찬성한다면, 그녀는 대한의사협회의 안락사 허용 요구안에 서명할 것이다."와 같은 명제는 안락사 논쟁과 관련하여 아주 중요하게 쓰일 수 있는 문장이어서 문제가 되는 논쟁을 바로 이해하기 위해서는 이 문장을 먼저 바로 이해하는 것이 필요하다. 얼핏 보면 이 문장은 두 개의 문장으로 보이고 더 나아가서 하나의 가정과 하나의 결론처럼 비칠 수도 있다. 즉 가정: "테레사가 안락사를 지지 찬성한다." 결론: "그녀는 대한의사협회의 안락사 허용 요구안에 서명할 것이다."처럼 가정 문장과 결론 문장의 두 문장으로 보일 수 있다. 그래서 나아가 마치 하나의 주장으로 받아들이기 쉽다. 그러나 그것은 큰 잘못이다. 바로 말하자면, "테레사가 안락사를 지지 찬성한다."거나 "그녀는 대한의사협회의 안락사 허용 요구안에 서명할 것이다."는 각각의 문장은 전체 문장 "만일 테레사가 안락사를 지지 찬성한다면, 그녀는 대한의사협회의 안락사 허용 요구안에

서명할 것이다."와는 논리적 값을 산정하는 데에 있어서는 아무 관련이 없다.

"테레사가 안락사를 지지 찬성한다."와 "그녀는 대한의사협회의 안락사 허용 요구안에 서명할 것이다."와 "만일 테레사가 안락사를 지지 찬성한다면, 그녀는 대한의사협회의 안락사 허용 요구안에 서명할 것이다."는 각각 서로 다른 별개의 문장들일 뿐이다. 굳이 관련성을 찾자면 전자 각각의 두 문장은 후자 조건 문장 전체의 전건(antecedent) 즉 전반 부분 문장이고 또 조건 문장 전체의 후건(consequent) 즉 후반 부분 문장일 뿐이다. 그러므로 여기 전체 문장은 '만일...이면, 그러면...이다.'는 조건을 나타내는 한 문장일 뿐이다.

더 나은 이해를 위해서 다음과 같이 하나의 주장을 만들어보면 전체 조건명제가 전체 주장에 있어서 단 하나의 명제 즉 문장이라는 설명이 더욱 선명해질 것이다.

> 만일 테레사가 안락사를 지지 찬성한다면, 그녀는 대한의사협회의 안락사 허용 요구안에 서명할 것이다. 테레사가 안락사를 지지 찬성한다. 그러므로 그녀는 대한의사협회의 안락사 허용 요구안에 서명할 것이다.

두 개의 가정 문장이, 곧 한 개의 조건 문장과 한 개의 보통 문장이, 한 개의 결론을 도출해내는 전형적인 타당한 주장이 된다. 이것은 뒤에 소개될 긍정의 방식 모두스 포넨스(Modus Ponens)를 따라서 도출되고 있다.

마찬가지로 "If not...then..."의 의미의 Unless가 들어간 문장도 결국 한 문장으로 해석될 수밖에 없다. "Unless you had force of character and physical strength, you could not succeed in life."의 경우도 인격의 힘과 체력이나 또는 인생 성공을 따로따로 얘기하는 것이 아니며, 그들 각각은 하나의 전체 문장과는 직접적으로 아무 관련도 없다.

분리 또는 선택명제인 경우도 마찬가지다. 예를 들어 선택 문장 "Either it is raining or it is snowing."의 경우라면 비가 내리거나 눈이 내리거나 둘 중 하나이다. 두 개의 상황 중 어느 하나만이 참이라는 것이다. 그 외의 의미가 아니다. 즉 이 문장은 비가 내린다거나 눈이 내린다는 것 각각하고는 아무 상관이 없다. 기껏해야, 아까처럼, 비가 내린다는 것은 전체 선택 문장의 전건이며, 눈이 내린다는 것은 전체 선택명제의 후건인 것이 전부다. 이 분리 또는 선택의 명제도 다음과 같이 주장을 만들어보면 그것이 단순한 하나의 문장에 불과하다는 것을 쉽게 알 수 있다.

Either it is raining or it is snowing.

It is not snowing.

It is raining.

한 문장 "Either it is raining or it is snowing."과 또 다른 한 문

장 "It is not snowing."이 함께 가정으로서 결론의 한 문장 "It is raining."을 도출하는 타당한 주장이다. 뒤에 나올 선택적 삼단논법(Disjunctive Syllogism)을 따르고 있다.

결론적으로, 주장을 함에 있어서 조건명제의 문장이나 선택명제의 문장이거나 논리적으로 단 하나의 명제를 구성할 뿐이다. 즉 한 주장에 있어서 그들은 각각 한 부분 즉 가정이나 결론이 될 수 있을 뿐이다. 조건명제나 선택명제가 두 개가 아닌 하나의 명제로서 결론으로 쓰이는 경우도 물론 가능하다: "경기침체가 심화되면 고용시장이 위축될 것이다. 고용시장이 위축되면 실직자가 늘어날 것이다. 그러므로 경기침체가 심화되면 실직자가 늘어날 것이다." 다음에 등장하는 가설적 삼단논법(Hypothetical Syllogism)을 따르고 있다.

7. 더 생각할 문제

다음과 같은 문제들을 여기서 더 생각해보자. 주장에서 가정의 수는 하나 이상 아무 제한이 없으나 결론의 수는 정의상 단 하나일 수밖에 없다고 말하는 데 전적으로 동의하겠는가? 가정이 하나, 둘, 세 개이면서도 줄곧 결론은 하나인 다음 주장들을 비교하면서 생각해보자.

'Maria has a twin sister. Therefore Maria is not an only child.'

'Euthanasia is the same as murder. Murder is wrong. Therefore euthanasia is wrong.'

'Human fetuses are persons. Any deliberate killing of a person is murder. Abortion is the deliberate killing of a human fetus. Therefore abortion is murder.'

과연 결론은 언제가 하나여야 하는가 다시 한번 생각해보자. 그리고 결론이 하나여야 한다면 하나인 이유가 이미 본문에서 설명하였듯이 오직 설득의 효율성만을 고려해서 그러겠는가 혹 아니면 다른 이유들이 있을 수 있겠는가. 주장의 본성, 본질, 본령을 더 잘 이해하기 위해서 여러 각도로 더 생각해보자.

우리는 주장에서 가정의 순서는 바뀌어도 문제가 없다는 것을 알고 있으나 가정과 결론이 순서가 뒤바뀔 수는 있겠는가 생각해 보자. 그러나 일목요연한 효과적 인식을 기대하려면 역시 가정 그리고 결론의 순서가 더 자연스럽지 않겠는가. 그러나 수사학의 문장 중에서는 결론이 앞장서기도 하는데 크게 문제가 되는 것 같지 않다. 외려 더 멋있어 보인다고들 말한다. 그럼에도 물론 복수주장에서의 표준형에서나 도표 표현의 복수주장에서는 가정 결론의 순서를 바꾸는 일은 굳이 선택할 필요가 없을 것이다.

8. 토론할 주제들

1) 다음 주장을, 주장이라면, 표준형으로 나타내시오:
Could you give me a ride to the airport? My plane leaves in 45 minutes, and my car has a flat tire and I can't afford to take a cab.

2) 다음 주장을, 주장이라면, 표준형으로 나타내시오:
Wheaties is a nutritious cereal. After all, Mary Lou Retton appeared in Wheaties advertisements, and Mary Lou Retton is certainly healthy; so Wheaties must be nutritious.

3) 다음 주장을, 주장이라면, 표준형으로 나타내시오:
What is punishment? Punishment is harm or deprivation, taking away from offenders what they value – their property (fines), their freedom (imprisonment), or even their life (death penalty). Why is it all right to treat people like this?

4) 다음 주장을, 주장이라면, 표준형으로 나타내시오:
If women are paid less than men, and sexism is not the reason, it must be that women are not as good at their jobs as men are. Women are paid less, but there is not a shred of truth to the charge that they are not as good at their jobs as men. So, there is clearly sexism at work here.

5) 다음 주장은, 주장이라면, 단수주장인가 복수주장인가. 주장인 경우, 혹 단수주장이라고 볼 수도 있고 복수주장이라고도

볼 수 있다면, 어느 쪽이 더 효과적인 주장이 되겠는가:

개인은 자기 신체에 대해서는 자신이 군주다. 말하자면 완벽한 통치권을 갖는다. 태아 역시 위치적으로 임신자의 몸 속에 있는 한 그녀의 통치권 밖에 있지 않다. 또 태아는 앞으로 시간과 돌봄을 바탕으로 사람이 될 가능적 인간이지 현재로서는 어머니와 같은 완전한 의미의 사람일 수는 없다. 만일 태아와 어머니가 생명권을 가지고 다투는 상황이라면 어머니가 우선하여야 하는 명백한 이유다. 게다가 낙태 전후와 관련한 수많은 이해관계는 모두가 임신 여성의 몫이다. 그녀가 낙태문제를 가장 심각하게 그리고 가장 정확하게 판단할 수 있는 위치에 있다. 결국 임신자의 재생산을 위한 선택권은 존중되어야 하는 것은 더 말할 나위가 없다. 낙태는 허용되어야 한다.

6) 다음 차이를 예를 들어 설명하시오:

$P \supset Q$

와

P

———

Q

7) 다음 차이를 예를 들어 설명하시오:

$P \vee Q$

와

P

———

$P \vee Q$

제3장
도출적 주장과 비도출적 주장

1. 도출적 주장과 비도출적 주장의 의미

또 다른 관점에서 보았을 때, 기본적으로 주장에 두 종류가 있다. 즉 이끌어낸다는 도출(導出)을 기준으로 보았을 때, 그 하나가 도출적 주장(deductive arguments)이고 다른 하나가 비도출적 주장(nondeductive arguments)이다. 도출적 주장이란 가정에서 결론을 100% 도출할 수 있느냐 즉 온전히 도출할 수 있느냐가 관심거리가 되는 주장이다. 비도출적 주장이란 온전히 도출하는 것은 아닌, 즉 문자 그대로 비도출적이라고 할 수밖에 없는, 그래서 대신 가정이 결론이 발생하는 것을 적극 지원하는 것을 도모하는 것이 목표이고 관심거리인 주장이다. 도출적 주장은 가정이 결론을 보장하는 것으로 그 경우 도출적으로 타당한 것을 추구하게 된다. 비도출적 주장은 가정이 결론의 발생이 가능하도록 지원하는 것으로 그 경우 비도출적으로 강력한 것을 추구하게 된다. 그러므로 전자는 도출적 타당성이 관건이고, 후자는 비도출적 지원의 힘이 관건이 된다.

그런데 도출적 주장을 자세히 검토해 보면 다음과 같은 구조적 속성이 있다. 하나의 주장에서 가정이 참이고 결론이 참이면, 가정이 거짓이고 결론이 거짓이면, 그리고 가정이 거짓이고 결론이 참이면, 그 도출적 주장은 타당하다고 말하며, 보다 정확히는 모두 타당하다는 것은 아니고 그 조합으로는 타당한 주장을 언제라도 만들 수 있으며, 그 외에는 즉 참 가정과 거짓 결론의 조합은 언제라도 타당하지 않다고 말한다. 나아가 특히 가정이 참이고 결론이 참인 경우는 도출적 주장에 있어서 타당한(valid) 동시에 유효하다고(sound) 말하고 그 외에는 타당하지만 유효하지는 않다고 말한다. 그러니까 거짓 가정과 거짓 결론이나 거짓 가정과 참 결론으로 구성된 타당한 주장은 논리적으로 타당하고 정당하지만 결코 적합하고 유효해서 실제 쓸모 있는 주장이 되는 것은 아니다.

한편 비도출적 주장에서는 가정이 참이고 결론이 참이 아닐 가능성보다는 참일 가능성이 더 큰 경우에 옳다고 하거나 성공적이라고 하며, 그 외에는 옳지 않다 하거나 비성공적이라고 하며, 또 결론이 참일 가능성이 크면 수용할 만하다고 하고 그렇지 못하면 수용할 만하지 않다고 말한다. 그러므로 도출적 주장이 유효하다면 결론이 거짓일 여지는 논리적으로 불가하지만, 비도출적 주장에서는 주장이 수용할 만하다고 해도 결론이 거짓일 가능성은 논리적으로 여전히 남아 있다고 볼 수 있다.

이렇듯 도출적 주장은, 되풀이 하건데, 타당성을 꾀하며, 즉 가정이 결론을 보장하는 것을 꾀한다. 한편 비도출적 주장에서는 가정이 결론에 보장적 지지를 제공하기보다는 일정한 지지와 지원을 제공하는 그래서 가정이 결론의 발생 가능성을 더욱 많이 확보하는 것을 도모한다. 그래서 도출적 주장은 가정에서 반드시 결론이 도출되느냐의 문제로서 비교적 논리적으로 많은 것을 요구하는 강한 형식(strong fashion)을 취한다. 반면 비도출적 주장은 가정에서 결론이 도출될 가능성이 많으냐의 문제로 비교적으로 느슨한 것을 요구하는 약한 형식(weak fashion)을 취한다. 따라서 도출적 주장은 정당한 타당성을 목표하고 비도출적 주장은 설득력 있는 신뢰성을 목표로 한다고 볼 수 있을 것이다.

2. 도출적 주장의 타당성(deductive validity)

도출적 주장은 타당하거나 타당하지 않거나로 특징 지워진다고 이미 언급하였다. 도출적 주장이 타당한 경우는 반복하건데 다음 세 가지 경우이다. 즉 참 가정 참 결론, 거짓 가정 거짓 결론, 그리고 거짓 가정 참 결론의 조합의 경우이다. 이 때 주의할 점은, 이런 경우의 조합은 모두 타당한 주장이 된다는 것은 물론 아니고 이런 조합 안에서만 타당한 주장이 가능하다는 것이다. 그리고 참 가정 거짓 결론의 조합으로서는 타당한 주장을 만드는 것이 원천적으로 불가능하다는 것이다. 그 말은 타당한 주장의 가정의 참은 결론의 참을 완벽하게 보장하는 것을 의미한다. 또한 주장의 가정이 거짓이면 결론은 참이거나 거짓이거나 상관없이 타당성은 보장될 수 있는 것이다.

T T F F

T F T T

V X V V

다음은 참 가정과 참 결론으로 이루어진 경우여도 타당하지 못한 주장이라면 못한 주장이다.

모든 사람은 죽는다.

소크라테스는 사람이다.

서울은 대한민국 수도이다.

다음은 거짓 가정과 거짓 결론으로 이루어진 경우로 타당하지 못한 주장이다.

비틀스는 금세기 이름난 수학자이거나 유명한 팝싱어다.

비틀스는 금세기 유명난 팝싱어가 아니다.

비틀스 구성원은 모두 생존해있다.

다음은 거짓 가정과 참 결론으로 이루어진 경우로 타당하지 못한 주장이다.

만일 마이클 조던이 씨름을 한다면 잘 할 수 있을 것이다.
마이클 조던이 씨름을 한다.

마이클 조던은 불세출의 뛰어난 농구선수다.

그러나 다음은 참 가정과 참 결론으로 이루어진 타당한 주장이다.

모든 고래는 포유류다.
돌핀은 고래다.

돌핀은 포유류다.

다음은 거짓 가정과 거짓 결론으로 이루어진 타당한 주장이다.

나폴레옹이 한국사람이면 그는 아시아 사람이다.
나폴레옹은 한국사람이다.

나폴레옹은 아시아 사람이다.

다음은 거짓 가정과 참 결론으로 이루어진 타당한 주장이다.

강원도는 태백산맥 서쪽에 위치한다.
태백산맥 서쪽 땅은 모두 감자 생산으로 유명하다.

강원도는 감자 생산으로 유명하다.

이런 예를 보면서 우리가 한 가지 깨닫게 되는 것은 논리학의 관심은 온통 관계성을 바탕으로 하는 타당성에 집중되어 있다는 것 즉 논리학자는 오직 타당성의 검증에만 몰두할 뿐 명제들의 내용이나 그 참과 거짓에는 그다지 관심이 없다는 사실이다. 정말 논리학은 구체적 사실이나 진실에는 관련하지 않는다. 따라서 논리학자는 명제들의 실제 값어치와는 별개로 오직 명제들 사이의 논리적 관계성에만 매달리고 있다고 보아야 한다.

그러나, 다시 돌아가서, 여전히 참 가정에 거짓 결론으로도 타당한 주장을 만들 수 있지 않을까 의심해 볼 수 있을텐데 인간 사유로는 개념적으로 원천적으로 불가하다. 역시 먼슨(Munson)과 콘웨이(Conway)가 제시하는 다음과 같은 한 흥미로운 주장을 검토해 보자.

'Crombie was stoned, stabbed, shot, and scalped. So Crombie is dead.'

어떤가, 이 주장은 타당한 주장인가? 돌에 맞고 칼에 찔리고 총질을 당하고 피부 껍질이 벗겨졌으니 당연히 죽지 않았겠는가? 가정이 결론을 충분하게 보장하지 않는가? 참 가정과 참 결론으로 이루어진 타당한 주장인가? 정답은 그렇지 않다. 왜냐하면 아무리 크롬비가 사람들에 의하여 위와 같이 처참한 잔인한 방식으로 심하게 다루어졌다 해도 살아남을 가능성은, 아무리 작은 가능성이라도, 여전히 우리의 생각 속에 있기 때문이다. 실제로 그런 상황이 발생할 수 있을까보다는 우리의 사유 안에 여전히 그 상황이 가능하다면 가능성은 존재하는 것이다. 즉 결론이 거짓일 수 있어서, 그래서 거짓이어서, 참 가정이 참 결론을 보장하는 상황이 아닌 것이 되었다. 즉 참 가정이 거짓 결론을 보장하려는 것이 되고 마는데 결국 실패하고 만다. 인간의 사고 안에서 무모한 계획이었다. 그러므로 이 주장은 타당하지 못하다. 또 크롬비가 죽을 가능성의 높낮이가 예측 불가해서 비도출적 이라기보다는 도출적 주장의 타당하지 않는 경우다.

예를 하나 더 들어보자.

> 만일 어제 철수가 a병동에 있었다면 철수는 신종플루에 감염될 가능성이 매우 높다.
> 어제 철수는 a병동에 있지 않았다.
>
> ---
>
> 철수는 신종플루에 감염될 가능성이 매우 높은 것이 아니다.

일견 일리 있어 보여도 이 주장 역시 타당한 주장이 못된다. 철수가 어제 a병동에 있지 않았다 해도 어떤 다른 이유로 신종플루에 감염될 가능성은 얼마든지 높을 수 있어서 결론이 참일 수 없다. 그렇다면 참 가정에 거짓 결론으로 구성되어 타당한 주장이 되는 것은 애당초 불가능하다. 역시 결론이 발생가능성의 정도를 말하기 보다는 발생여부의 애기여서 비도출적 주장이기는 어렵다.

또 다른 예를 하나 더 들어보자.

If John is a conscientious objector, he does oppose compulsory military mobilization.
He does oppose such compulsory military mobilization.

John is a conscientious objector.

이 주장 역시 타당한 것이 못되는 것은 명백하다. 존이 강제적 징병제에 반대하는 것이 사실이어도 그것만으로 그가 양심적 병역 거부자라고 볼 수는 없다. 얼마든지 다른 이유로도 그는 의무 병역을 거부할 수 있기 때문이다. 실제로 양심적 병역 거부자가 아닌 많은 사람들이 병역을 거부하고 있지 않는가. 참 가정에 거짓 결론으로 구성되어 있어서 결코 타당한 주장을 구성할 수 없다. 이 또한 결론의 발생가능성의 정도를 타진하는 것은 아니고 발생 진위여부를 관심하고 있어서 비도출적 주장이라고 보기는 역시 어렵다.

그러므로 반복하건데 타당성이란 일련의 가정들이 결론에 주는 보증이거나 증명이거나의 문제라고 할 수 있다. 그러므로 타당성은 주장에서 가정과 결론의 내용이라기보다는, 앞에서 언급하였듯이, 가정과 결론 사이의 어떤 형식의 관계성의 문제라는 것을 알 수 있다. 그러므로 결론적으로 그 관계성에 대해 가닥을 잡아 보면 참 가정 거짓 결론을 제외한 모든 관계에서 즉 참 가정 참 결론, 거짓 가정 참 결론, 거짓 가정 거짓 결론의 관계에서는 타당한 주장을 만들 수 있다.

그런데 그 관계 중에서도 특히 참 가정 참 결론으로 구성되는 타당한 주장은 특별한 주목을 받는다. 결국 가정과 결론의 문장들이 모두 사실에 부합하는 참 문장이라는 의미로서 이 경우라면 어떤 특이한 논리적 조합을 통한 참 결론이 도출되는 경우가 아니어서 우리가 매우 신뢰하는, 그리고 현실적으로 가장 쓸모 있는, 도출이라고 할 수 있다. (물론 논리학자들은 주장이 참 가정 참 결론으로 구성된 타당한 경우만이 아니라 거짓 가정 거짓 결론, 거짓 가정 참 결론으로 이루어진 타당한 주장에도 똑같이 관심을 갖는다. 그러나 현실적으로 논리학 밖의 제 학문 분과에서는, 말하자면 사학, 시학, 신학 따위에서는, 나름의 구체적 적용을 목표한 경우가 많을 것이여서 실제 쓰임을 생각할 때 아무래도 참 가정에 참 결론으로 조합되는 타당한 주장에 더 많은 관심을 갖게 될 것이다.) 이 경우를 가리켜 유효한 주장이라고 부르고자 한 것이었다. 그러므로 모든 타당한 주장이 유효한 주장은 아니지만 유효한 주장은 모두 한결같이 타당한 주장이다. 가정 거짓 결론 거짓으로 구성된 타당한 주장이나 가정 거짓 결론 참으로 구성된 타당한 주장은 물론 타당한 주장이나 유효한 주장은 아니라는 말이다. 오직 가정 참 결론 참으로 이루어진 타당한 주장만이 타당한 주장이면서 동시에 유효한 주장이다. 그러므로 인과관계적 차원에서 말한다면 타당한 주장은 유효한 주장의 필요조건이지 충분조건은 아니며, 유효한 주장은 타당한 주장의 충분조건이 된다. 이해를 돕기 위해 도식으로 표시하면 다음과 같이 될 것이다.

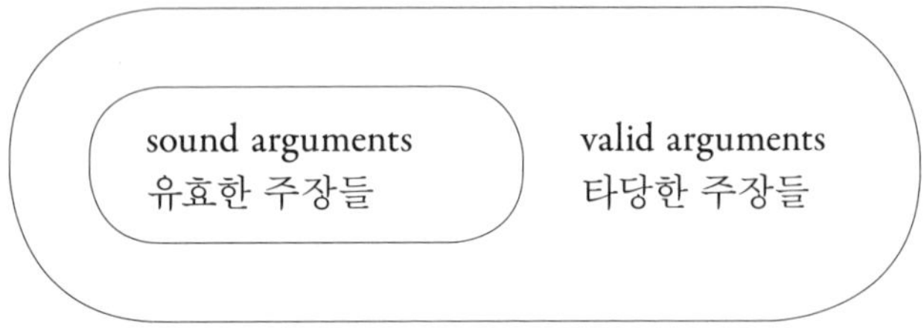

3. 가정에 추가되는 정보와 그 타당성

가정에 추가되는 정보가 기존 주장의 정당성 타당성에 영향을 끼치는가? 결론부터 말하자면 도출적 주장에서는 이미 타당성이 확보된 주장의 타당성에 영향을 미치지 않으나 비도출적 주장이 성공하느냐에는 영향을 미친다고 말 할 수 있다. 가정에 정보가 더 보태지는 다음의 비도출적 주장의 경우를 먼저 검토해 보자.

> Fund X has a forty-year record of paying regular dividends while maintaining a slow growth of capital.
> My investment objectives are regular income and preservation of capital.

Fund X is a suitable investment for me.

여기에 다음과 같은 새로운 가정이 더해진다고 가정해보자.

Fund X has in recent years changed its policy to the effect that it prefers group investments that bring better extended reinvestments to individual investments, and that it benefits more group investments.

적립기금 X가 본래의 주장에서는 나 개인에게 아주 적합한 투자가 될 수 있어서 결론에 상당한 설득력이 있었다. 다르게 표현하면 그 가정들은 결론을 강력히 지지하고 있었다. 그러나 만일 위의 새로운 가정이 더해지면서 적립기금 X가 이제는 개인 적립보다는 재투자에 더 도움이 되는 큰 규모의 그룹 적립을 선호하고 그 그룹 적립에 여러 가지 유리한 혜택을 상대적으로 더 주는 방식으로 최근에 정책을 바꾼 것이 사실이라면, 앞의 가정의 결론의 지지는 많이 약화될 수밖에 없다. 즉 이 경우에는 여전히 적립기금 X가 나에게 적합한 투자가 된다고 결론한다면 그리고 그 길을 좇게 된다면 이 주장의 성공 가능성은 비교적으로 낮아질 수밖에 없다는 것이다. 그러므로 비도출적 주장에서는 새로운 가정이 기존의 주장에 더해지면서 얼마든지 결론의 발생 가능성에 영향을 끼친다는 것을 알 수 있다.

하나 더 소개해 본다.

75%의 단국대 학생들은 2013년 새해맞이 기념으로 iPhone5를 구입하였다.
정혜선은 단국대 학생이다.

정혜선은 2013년 새해맞이 기념으로 iPhone5를 구입하였다.

여기에 다음과 같은 새로운 가정이 더해진다고 가정해 보자.

75%의 단국대 학생들은 2013년 새해맞이 기념으로 iPhone5를 구입하였다.
정혜선은 단국대 학생이다.
Steve Jobs를 좋아하는 50%의 단국대 학생들은 새해맞이 기념으로 iPhone5를 구입하였다.
정혜선은 Steve Jobs를 좋아한다.

정혜선은 2013년 새해맞이 기념으로 iPhone5를 구입하였다.

그렇다면 본래의 주장에서 정혜선이 2013년 새해 기념으로 iPhone5를 구입할 가능성은 약 75%였다. 그러나 새 가정이 첨가된 후의 주장에서는 정혜선이 새해맞이 기념으로 iPhone5를 구입할 가능성은 영향을 받아 약 50%로 낮아진 것이다.

이렇듯 비도출적 주장에서는 새로운 정보로서 새롭게 가정이 추가되면 그 가정의 성격의 내용에 따라서 가정이 결론을 지지하는 정도가 달라질 수 있기 때문에 결론의 발생 가능성 또한 변한다. 위의 예에서 보았듯이, 추가적 정보가 비도출적 주장을 더욱 강화할 수도 있고 더 약화시킬 수도 있다. 그것은 가정이 결론을 결정적으로 100% 보장할 것이냐 마느냐가 관건이었던 도출적 주장과는 달리 얼마나 가정이 결론을 지지할 것인가가 관건이었던 것과 연관되는 맥락이다.

그런데 이미 시사하였듯이 도출적 주장에서는 어떠한 가정이 새롭게 주어져도 이미 결정된 타당성에는 영향을 끼치지 않는다. 그 취지는 이렇다. 참 가정에서 참 결론을 확보한 타당한 주장은 여기에 이미 주어진 가정에 모순적인 가정이 보태지면 전체 가정은 결국 거짓이 되고 가정이 거짓이 되어도 거짓 가정 참 결론으로 되어 논리적으로 흠이 없는 타당한 주장으로 남는다는 것이다. 또 거짓 가정에서 거짓 결론이나 참 결론을 확보한 경우로서 타당한 주장의 경우에도 주어진 가정에 모순적 가정이 보태져도 여전히 전체 가정은 거짓일 것이니 논리적으로는 결론의 참 거짓은 문제 삼지 않을 수 있을 것이다. 상식적으로 모순적일 수 있으나 논리적으로 문제가 없다는 말이다. 그 이유는, 정서적으로는 다소 빙퉁그러지지만, 다분히 논리적인 것에 기인하는데 꽤 놀라운 결과로서 주시할 필요가 있다. 새먼(Salmon)과 먼슨(Munson)과 콘웨이(Conway)의 예를 빌어서 쓰는데 아래 세 연관 있는 주장을 비교해보자.

All platypuses are mammals.

Nadine is a platypus.

Nadine is a mammal.

All playtypuses are mammals.

Nadine is a platypus.

Almost no mammals lay eggs.

Nadine lays eggs.

Nadine is a mammal.

All platypuses are mammals.

Nadine is a platypus.

Nadine is a duck, not a platypus.

Nadine is a mammal.

첫 번째 주장은 간단명료하고 타당한 주장이다. 문제는 두 번째나 세 번째처럼 새로운 가정이 기존의 가정에 첨가되는 경우인데 그 가정들이 어느 경우이든 일견 결론을 부정하기에 충분한 그래서 이 주장 전체를 흔들어서 타당하지 않다고 말할 수 있는 것들이다. 그러면 두 번째와 세 번째 주장은 타당하지 않는가? 아니다, 여전히 타당하다. 왜냐하면 가정에서 모든 오리너구리가 포유동물이고 나딘(Nadine)이 오리너구리이면, 어떤 가정이 더해지더라도 상관하지 않고, 우리는 반드시 나딘이 포유동물이라고 결론할 수밖에 없기 때문이다.

즉 본래 타당한 주장에서 가정이 참이면 결론이 참 이여야 할 것이어서 어떤 추가적 가정도 그 주장을 타당하지 않게 한다는 의미에서는 아무런 변화를 주지 못한다. 도출적 주장은 타당하거나 타당하지 않거나이다. 비도출적 주장에서처럼 더 성공적이라거나 덜 성공적인 것처럼 도출적 주장의 타당성에 어떤 등급이나 강도나 계층이 있는 것이 아니다.

즉, 좀 더 논리적으로 설명하자면, 두 번째 주장과 세 번째 주장의 가정은 일종의 모순으로 참이 될 수 없다. 나딘이 포유동물인 오리너구리이면서 동시에 알을 낳을 수 없으며, 나딘이 오리너구리이면서 동시에 오리너구리가 아닌 것은 불가하다. 즉 두 경우 가정들이 공히 거짓이다. 그래서 거짓 가정에 참 결론으로 되어 이것 역시 타당한 주장이 되는 것이다. 거짓 가정에 참 결론의 조합으로는 타당한 도출적 주장을 만들 수 있다는 것을 잘 기억할 것이다. 사실 모순의 거짓을 가지고 있는 가정이 포함된 타당한 주장은 언제라도 타당할 수 있다는 것이 새롭게 증명된 셈이다. 그러므로 기존의 가정에 동조적인 가정이 더해지는 경우는 말할 필요가 없을 것이고, 모순을 불러일으킬 수 있는 가정이 새롭게 보태진다 해도 기존의 타당한 주장은 논리적으로는 여전히 타당한 주장으로 남게 된다.

그렇다면 여기서 우리가 잠시 다시 한 번 생각해 볼 흥미로운 문제가 있다. 첫 번째, 위에서 잠깐 설명이 되었던 내용에서 보아도, 우리의 일반 상식이나 정서로는 서로 충돌하는 가정이 공존하고 있는데도 결론의 도출에 영향을 받지 않는다는 것은 사실 쉽게 이해가 되지 않는다. 어떻게 이런 상충하는 가정에서 결론을 온전히 끌어낼 수 있겠는가: "모든 오리너구리는 포유동물이다. 나딘은 오리너구리다. 나딘은 오리너구리가 아니라 오리다. 나딘은 알을 낳는다. 어떤 포유동물도 알을 낳지 않는다. 그러므로 나딘은 포유동물이다." 그러나 도출적 주장의 논리성에 비추어서는 이 결론이 타당하다는 것이다. 이것은 각각의 문장의 내용이 아니라 그 형식과 틀의 관계성 속에서 이루어지는 당연한 결과이다. 그러므로 거짓 가정이 어떤 방식으로든지 조성되면 참의 결론이 타당하게 도출되는 것을 무작정 타당한 도출적 주장이 갖는 놀라운 특징이라고 말하는 것은 서툴다. 그것은 허구적이지만 논리의 귀결이다. 논리적 허구의 힘이다.

두 번째, 위에서 도출적 주장의 타당성을 얘기하면서 다음과 같은 주장을 소개한 적이 있다: "강원도는 태백산맥 서쪽에 위치한다. 태백산맥 서쪽 땅은 모두 감자 생산으로 유명하다. 그러므로 강원도는 감자 생산으로 유명하다." 아는 바와 같이 이 주장은 타당한 주장이다. 그러나 내용의 면면을 보면 가정의 모든 문장이 다 거짓이다. 주지하는 바와 같이 강원도는 태백산백 동쪽에 위치하며 태백산맥 동쪽 땅이 감자 생산으로 유명하다. 그런데 결론 즉 강원도가 감자 생산으로 유명하다는 말은 참이다. 거짓 문장들의 합이 참 문장을 도출한다는 것이 일견 이상하지만, 그래서 사람들은 일종의 운수일 뿐이라고 하지만, 엄밀하게는 논리성이 가져다주는 허구이자 당연한 귀결이다. 역시 거짓 가정과 참 결론이 조합하는 주장은, 주장의 문장들의 내용이 아니라 형식의 관계성에만 우리가 관심한다면, 얼마든지 타당한 주장이 된다는 논리적 예이다. 반복하건데, 논리적 허구적 힘이다.

세 번째, 좀 미리 소개하는데, 다음 제4장에서 공부하고자 하는 도출의 규칙 중에는 추가(Addition) 또는 보태기라는 규칙이 있다. 도식으로 "P. Therefore P or Q."이다. 예를 들면 "마리아는 단국대 학생이다. 그러므로 마리아는 단국대 학생이거나 마리아는 컬럼비아대 학생이다."는 타당하다는 것이다. 이것만이 아니다. 가정이 주어지면 결론으로는 그 가정에다가 그 어떤 내용이라도 결합이나 조합이나 그리고의 의미의 'and'로는 안되지만 선택이나 분리나 또는의 의미의 'or'로는 다 된다는 것이다. 그러므로 좀 실속없어 보이는 다음 주장도 좋다는 것이다. "마리아는 단국대 학생이다. 그러므로 마리아는 단국대 학생이거나 테레사는 스파게티를 좋아한다." 하지만 여전히 놀랍게도 이 주장은 논리상 아무 무리가 없다. 가정이 참으로 주어지면 그 가정의 문장에 선택 'or'로 연결되는 문장이 더해지는 결론 문장은 역시 참인 것이 확실하므로, 그 중 어느 하나만 참이면 되는데 이미 가정의 문장으로 쓰는 문장이 참이므로, 이 경우는 참 가정과 참 결론으로 이루어진 타당한 주장이 되는 것이다. 타당한 주장만이 아니라 유효한 주장도 될 것이다. 타당하다는 것을 넘어서서 유효하다고 말할 수 있다는 것이 가히 놀랍지 않는가. 이것도 논리성이 가져오는 허구적인 그러나 당연한 귀결이다. 논리적 허구인 힘이다.

4. 비도출적 주장의 힘(nondeductive force)

1) 비도출적 주장의 특징

이미 지적하였듯이 도출적 주장과는 다르게 비도출적 주장은 논리적 타당성을 목표로 하지 않는다. 주장의 성공 가능성을 높이는 것을 꾀한다. 그것이 전부다. 그러므로 가정이 결론을 증명하기보다는 가정을 바탕으로 결론의 발생 가능성을 높이는 것을 도모하는 것이다. 이런 비도출적 주장이 갖는 특징을 도출적 주장과 비교하여 검토하고 그런 연후에 더욱 구체적으로 비도출적 주장들의 종류를 점검하자.

첫째, 비도출적 주장에서는 도출적 주장에서처럼 가정이 결론을 반드시 보장하는 것이 아니라 가정이 결론가능성을 높이는 것을 목표로 한다. 둘째, 도출적 주장에서는 타당성이라는 것이 정도의 문제가 아니라 전부 아니면 전무였다. 즉 타당하거나 타당하지 않거나이지 더 타당하거나 덜 타당한 것이 존재하는 것이 아니었다. 그러나 비도출적 주장에서는 정도나 등급이 있어서 가정이 그의 결론을 강력히 지지하면 그 비도출적 주장은 매우 성공적이라고 말할 수 있고, 가정이 결론을 강력하게 지지하지는 못한다면 그 주장은 따라서 덜 성공적이라고 말할 수 있다. 그리고, 셋째, 이미 언급하였듯이 도출적 주장에서는 기존의 타당한 주장은 어떤 새로운 가정이 첨가되어도, 그래서 혹 가정들이 서로 모순적이라 해도 상관없이 기존의 타당한 주장은 타당한 주장으로 남아 있지만, 비도출적 주장에서 새로 추가된 가정은 지금까지의 확보된 결론의 발생 가능성을 얼마든지 바꿀 수 있다. 그래서 더 성공적인 주장을 만들 수도 덜 성공적 주장을 만들 수도 있다.

예를 들면 다음 첫째 주장은 타당한 도출적 주장으로 둘째 주장처럼 가정의 변화에도 그 타당성은 흔들리지 않고 있다:

파블로 피카소가 금세기 최고의 예술가이거나 폴 클레가 금세기 최고의 예술가이다.
만일 피카소가 금세기 최고의 예술가라면 금세기는 입체파의 전성시대다.
만일 클레가 금세기 최고의 예술가라면 금세기는 표현파의 전성시대다.

금세기는 입체파의 전성시대거나 표현파의 전성시대다.

파블로 피카소가 금세기 최고의 예술가이거나 폴 클레가 금세기 최고의 예술가이다.
만일 피카소가 금세기 최고의 예술가라면 금세기는 입체파의 전성시대다.
만일 클레가 금세기 최고의 예술가라면 금세기는 표현파의 전성시대다.
피카소는 한때 자신이 입체파 미술가로 분류되는 것을 거부하였다.
클레는 표현파 입체파 초현실파 등에 경도되어 있어서 굳이 어느 파에 속한다고 특정하기 어렵다.

금세기는 입체파의 전성시대거나 표현파의 전성시대다.

그러나 다음의 두 주장은 비도출적이어서 처음의 주장의 결론 발생 가능성은 새로운 가정이 첨가된 후자 주장의 결론의 발생 가능성과는 현격한 차이가 있다:

조선일보를 구독하는 대부분의 독자는 보수적이다.
이유진은 조선일보를 구독한다.

이유진은 보수적이다.

조선일보를 구독하는 대부분의 독자는 보수적이다.
이유진은 조선일보를 구독한다.
국제항공사 진출을 계획하는 사람들은 드물게 보수적이다.
이유진은 국제항공사 진출을 계획하고 있다.

이유진은 보수적이다.

물론 논리학에서는 여기에 쓰인 것과 같은 '대부분' '거의' '절대다수의' '드물게' '아주' '별로' 따위의 정확도가 떨어지는 애매한 표현은 피하는 것이 바람직하다. 만일 문장 중에 이런 표현이 발견되면 그 의미를 보다 확실하게 하기 위해서 문장 주위에서 더 많은 정보를 확보하도록 노력하여야 한다. 여기서는 크게 혼돈이 일 것 같지 않아서 일부러 사용하였다.

2) 비도출적 주장의 종류

비도출적 주장에는 여러 종류가 있다. 그 종류는 우리가 일상생활에서 또는 학구적 연마에서 아무 때나 어디서도 만나게 되는 것들만큼이나 수많다. 그래도 나름대로 비슷한 것끼리 모아 가닥을 잡아보면 대체로 다음과 같다. 첫째로, 소위 Causal arguments로, 무엇보다도 인과관계의 주장이 있다. 급발진의 원인에 관한 것이나, 대장암이나 췌장암의 원인에 관한 것이나, 가난의 대물림의 원인에 관한 주장들이 있을 수 있다. 둘째로, 소위 Statistical syllogisms로, 과거에 발생했던 것을 통계적 기초로 하여 미래에 관한 어떤 것을 결론으로 도출하거나 현재에 주어진 증거를 통계적 바탕으로 과거의 어떤 것을 도출하는 주장이 있을 수 있다. 셋째로, 소위 Inductive genealization으로, 관찰과 실험의 표본을 중심으로 일반화를 도모하는 경우도 있다. 넷째로, 소위 Analogical arguments로, 두 사건 사이에서 이미 알려진 유사성을 통해서 새로운 구체적 유사성을 확보하는 경우도 있다. 다섯째로, 소위 Case-building arguments로, 아마도 우리가 생활해가는 데서 가장 접하기 쉬운 경우라고 볼 수 있겠는데, 가정들이 하나 둘 셋 함께 모여 결론 발생을 제안하고 구성해 가는 주장이 있다. 구체적 예를 순서대로 하나씩 소개하기로 한다.

① 비도출적 주장으로서의 인과적 주장

사회에서 선호되는 직장이 있을 때 접근을 방해하는 것이 크게 두 가지 있을 수 있다. 하나는 뛰어나지 못한 지능이요, 다른 하나는 극심한 가난이다. 전자나 후자나 그 어느 것도 나를 발전시키고 그래서 좋은 직장에 가까이 가도록 하는 데에 있어서 방해 요인들인데 나의 발전과 관련해서는 그리고 기회균등의 정신에서 보았을 때는 한결같이 비관련적이요 임의적인 것들이라고 봐야 한다. 두 가지는 그렇다면 제거되거나 줄일 수 있는 데까지 줄여야 한다. 전자를 다루기가 불가하다면 국가나 정부가 적극 나서서 후자 문제를 해결해 주어야 한다. 자산의 재분배조치를 과감히 취하여 가난이 교육과 활동을 제한하고 그래서 가난이 가난을 대물림하는 고리를 끊어 주어야 한다.

② 비도출적 주장으로서의 통계적 삼단논법

유구국의 기와 형태는 과거 고려 건축 양식의 기와 형태와 대동소이하다.

제주 삼별초 최후 과반수의 용사들은 유구국으로까지 후퇴하며 항전하였다.

유구국의 건축 양식은 고려 삼별초군의 영향에 기인한 것이다.

③ 비도출적 주장으로서의 귀납적 일반화

지금까지 인간이 만난 모든 호랑이는 인간에게 공격적이지 아니 하였다.

모든 호랑이는 인간에게 공격적이지 아니 하다.

④ 비도출적 주장으로서의 유사적 주장

The evidence shows that both Maria and Theresa collaborated to create the new concept of world government, which is considered very desirable and somehow realistic to come true. Establishing the concept has long been of importance in the history of philosophical society notably due to Mo Tzu, Marcus Aurelius, Leo Tolstoy, Bertrand Russell, Amatya Sen, Pilhong Hwang et al. If Maria would receive a Nobel Prize for Peace for her role in that substantial concept of world government, then Theresa should be respected and compensated in a similar way. It would be unfair to treat Theresa differently.

⑤ 비도출적 주장으로서의 구성적 주장

Jennifer and her brother Jack were supposed to be inherited from their parents' sudden death.
Jennifer bought a gun the other day.
Jennifer recently confided to her friend that she has suffered from debt problem a lot.
Eyewitnesses identified they were in serious argument in the Namsan City Park last night.

It was Jennifer who killed her brother last night.

5. 더 생각할 문제

우리는 학문적 활동에서 뿐만 아니라 일상생활에서도 다양한 결정을 해야 한다: '그녀는 왜 자살했는가, 낙태 권리는 임신자의 선택권이라는 해석이 정말 설득력이 있나, 사형제도는 폐지되어야 하는가, 외설 권리는 우리의 표현의 자유로 제한 없이 존중되어야 하는가, 데카르트의 실험처럼 우리의 존재는 모두 허상일 수 있을까, 법대를 가는 것이 상대를 가는 것보다 인생 성공에 더 도움이 될까?' 주장을 바르게 평가함으로써 이런 일련의 중요한 문제들에 대해서 더욱 정확하게 그리고 더욱 효과적으로 판단하게 되는 것이 바람직하다. 그런데 그런 주장들이 한결 같이 정형이 없다는 것이 문제다. 도출적이기도 하려니와 비도출적이기도 한 것이어서 더욱 그렇다. 우리가 기대하는 것보다 우리가 더 논리적이기를 원한다면 훨씬 힘겨운 논리적 훈련을 해야 하리라는 예상이 가능하다.

설상가상으로 혹 어떤 주장이 도출적 주장인지 비도출적 주장인지 불분명한 경우가 있지 않을까 생각해 보아야 한다. 만일, 도출적 주장에서 가정이 참이고 주장은 타당한가 검증했는데 타당하지 못한 경우가 생기면, 즉 가정이 결론을 보장하는 경우가 못되면, 타당성이 없다고 끝낼 것이 아니라 그 가정이 한편 결론에 얼마만큼이라도 지지를 주고 있는가를 즉 가정이 결론 발생을 어느 정도 가능하게 하고 있는가를 확인할 필요가 있다. 말하자면 도출적 주장이라는 판단이 서지 않을 때라면 달리 비도출적 주장으로 해석할 수 있는가를 검토해 보아야 되지 않겠는가라는 말이다. 다소라도 지원을 하고 있다면 그 주장을 비도출적 주장으로 간주하고 논의를 다시 진행할 필요가 있을 것이다. 얼마나 설득력 있게 가정이 결론을 지지하고 있는가를 판별하는 문제는 그 다음 문제다. 그럼에도 도출적 주장과 비도출적 주장의 구분은 우리를 늘 긴장시키고 있을 것이다.

6. 토론할 주제들

1) 다음 단어들을 비교 설명하시오:
   deduce, derive, draw와 imply, entail, involve와 guarantee, prove, demonstrate.
2) deductive validity와 nondeductive force의 구분되는 성격 규명을 예를 들어 설명하시오.
3) deductive arguments의 deductive validity의 검증방법(checking method)을 찾아보자.
4) nondeductive arguments의 nondeductive force의 검증방법(checking methods)을 찾아보자.
5) 도출적 주장이나 비도출적 주장 중 어느 것을 택할 것인가 즉 도출적 주장과 비도출적 주장을 어떻게 효과적으로 구분하여 사용할 수 있는가? 직접적으로 말하여, 도출적 주장에서 타당성을 확보하지 못한 주장을 차라리 비도출적 주장으로 해석하려 하면 괜찮은가, 아니면 어떤 문제가 발생하는가?

문제가 없다면 도출적 주장과 비도출적 주장을 구분하는 일이 더욱 어려워지는 것은 아닌가?

6) 다음은 도출적 주장이다. 여러 가지 유형의 비도출적 주장으로 만들어 보라:
고구려 살수대첩의 장수 을지문덕이 여세를 몰아 수나라를 장악하였거나, 안시성 전투의 총사령관 양만춘이 승세를 몰아 당의 장안으로 쳐들어갔다면 이후 한민족사는 크게 달라졌을 것이다. 고구려 살수대첩의 장수 을지문덕이 여세를 몰아 수나라를 장악하였거나, 안시성 전투의 총사령관 양만춘이 승세를 몰아 당의 장안으로 쳐들어갔다. 그러므로 이후 한민족사는 매우 크게 달라졌을 것이다.

7) 다음은 비도출적 주장이다. 도출적 주장으로 만들어 보라:
한국의 박지성 선수가 뛰고 있는 맨체스터 유나이티드(Manchester United)는 챔피언스 리그(Champions League)에서 연거푸 3승으로 완승한 적이 있는 영국 명문 축구팀이다. 그들은 다시는 그런 위업을 달성하지 못할 것이다. 영국 프로축구의 그 어떤 팀도 3연속 리그우승을 두 차례나 이룬 경우가 없었다.

8) 두 명제가 있다: '안두희가 김구를 살해했다. 안두희는 김구를 살해하지 않았다.' 하나의 주장은 안두희가 김구를 살해했다는 결론을 내렸고, 다른 주장은 안두희가 김구를 살해하지 않았다고 결론을 내렸다. 두 개의 주장이 다 도출적으로 타당할 수 있는가? 두 개의 주장이 다 도출적으로 유효할 수 있는가?

9) 비도출적 주장으로서의 귀납적 일반화를 생각하면서 소위 deduction vs induction의 이분법과 deductive arguments vs nondeductive arguments의 이분법의 정당성을, 특히 명칭을 고려하면서, 따져보라.

10) 도출적 주장에서 이미 타당성을 확보한 주장에 그 주장의 가정에 반하는 즉 모순되는 가정이 추가로 보태져도 결론 도출의 타당성에 변화를 주지 않는다고 말하였다. 구체적으로 예를 들어 무슨 말인가 설명하시오.

제4장
도출의 규칙과 등가의 규칙

1. 논리의 규칙들

논리학은 수학과 달라서 숫자만 일사분란하게 대입하여 유효하게 쓸 수 있는 공식은 공식적으로 없다. 그 대신 논리학은 숫자가 아닌 문장을 다루기 때문에 문장의 형식을 따라서 비교 유용하게 쓰는 소위 타당한 일련의 규칙들을 제시하고 있다. 그러므로 다음에 소개되는 타당한 도출의 규칙을, 또는 항진적(恒眞的) 즉 항상 참인 함의(含意, tautological implications)를, 준용할 수 있는 주장은 타당한 것이고 그 이외의 벗어난 형식의 주장은 타당하지 않다고 해도 대체로 무방할 것이다. 물론 이 규칙들이 완전한 전부라고 볼 수는 없다. 소위 '다 쓴 것은 아닌 not exhaustive' 것이라고 말해야 할 것이다. 그러나 대체로 우리의 사고 안에서 논리적인 틀로서는 이 범주를 크게 벗어나지 않으리라고 믿는다. 혹 미구에 타당한 유용한 형식을 더 찾아낸다면 그것은 우리 모두가 바라는 바다. 그래서 타당한 형식들은 여기서 총 망라된 셈이다. 이 규칙들은 우리 사유의 본질을 잘 드러낸 것으로 이미 충분한 검증을 거친 것으로서 주장의 구조를 이해하는 데 크게 도움이 될 것이며 따라서 논리학자들이 임의로 만들어낸 것이 결코 아니다. 결론하면, 아래에 소개되는 도출의 규칙의 형식을 갖는 주장은 모두 타당해서, 이 조합을 통해서는 참 가정과 거짓 결론의 조합의 방식은 도대체 길이 없다. 우리는 여기서 8개의 도출의 규칙(derivation rules)과 8개의 등가의 규칙(equivalence rules)을 다루게 될 것이다.

2. 논리학의 기호

형식 규칙들을 소개하기 전에 우리가 함께 합의에 이르러야 할 것들이 있다. 먼저, 수를 쓰는 수학에서는 변수(變數, variables)를 x, y, z 등으로 썼었다. 문장을 사용하는 논리학에서는 변화문장(變化文章) 또는 줄여서 알기 쉽게 변문(變文, sentential variables)을 보통 알파벳 P, Q, R 등을 쓰기로 한다. 그리고 앞서 말한 문장의 구성 방식, 구조, 골격, 유형, 형태, 형상, 형, 틀 등을 문장형식이나 명제구조나 논리의 틀이라고 부른다. 그리고 연결사로서 선택이나 선언이나 분리를 나타내는 'either-or'는 기호로 ∨로 표시하며, 결합과 연결과 조합을 나타내는 'and, but, yet'는 기호로 ∧로 표시하며, 조건과 함의를 나타내는 'if-then'은 기호로 ⊃로 표시한다. 그리고 이런 조건 문장에서 if에 바로 뒤따르는 부분을 조건을 밝히는 앞

문장 전건(前件, antecedent)이라 하고 then에 바로 뒤따르는 부분을 조건에 의존하는 뒷 문장 후건(後件, consequent)이라 한다. 또 부정을 나타내는 'not'은 기호로 ~로 표시한다. 이런 일련의 약속과 함께 다음을 검토해보자.

3. 8개 도출의 규칙(Inference Rules)

1) 모두스 포넨스(Modus Ponens), 긍정의 방식

If P then Q

P

Therefore Q

$P \supset Q$

P

―――

Q

우리가 쉬지 않고 인천까지 달리게 되면 회복하게 되는데 며칠은 걸릴 것이다.

우리는 쉬지 않고 인천까지 달리고 있다.

―――――――――――――――――――――――――――――

우리가 회복하게 되는데 며칠은 걸릴 것이다.

주어진 두 개의 가정이 결론을 보장하는 것은 의심의 여지가 없을 것이다. 곧 타당한 주장이다.

그런데 여기서 유의할 점은 다음과 같은 도출은 잘못이다. 잘못이 없는 것으로 오판하기 쉬운데 소위 오류다. 왜 오류인가 검토할 필요가 있겠다.

If P then Q

~P

Therefore ~Q

$P \supset Q$

~P

———

~Q

당연한 오류임에도 여기서 특별히 구분하여 지적하는 이유는 우리가 실제로는 오류로 깨닫는 것이 마냥 쉽지 않기 때문이다. 그 악명 때문에 별난 이름도 가지고 있다. 전건을 긍정하여 후건을 타당하게 도출하는 모두스 포넨스에서 벗어난 탓으로 전건 부정의 오류(the fallacy of denying the antecedent)라고 한다. 또 구조 틀 형식과 관련하여 저지르는 오류라서 비형식적 오류와는 달리 형식적 오류라고 부른다. (우리가 주장을 하는데 있어서 구조나 틀이나 형식과 관련하지 않고 저지르는 오류 즉 비형식적 오류는 제7장에서 집중적으로 다루게 된다.) 다음 예를 눈여겨보자.

If this object is a desk, it is made of metal.
This object is not a desk.

This object is not made of metal.

이 주장은 타당성이 없다. 왜냐하면 이 사물이 책상이 아니라 해도 여전히 금속으로 만들어졌을 가능성이 남아 있기 때문에, 일견 일리 있어 보여도, 이런 유형의 주장은 전혀 타당할 수 없다.

2) 모두스 톨렌스(Modus Tollens), 부정의 방식

If P then Q
Not Q
Therefore not P

$P \supset Q$
$\sim Q$

$\sim P$

다음은 좋은 타당한 예가 될 것이다.

만일 우리가 고구려 역사의 영광을 되찾으려면 만주 일원의 고대국가들의 활동을 재해석하여야 한다.
만주 일원의 고대국가들의 활동을 재해석하지 않는다.

우리는 고구려 역사의 영광을 되찾지 못한다.

어떤 상황에서도 앞 두 개의 가정은 뒤 이어지는 한 결론을 보장하기 때문에 이는 타당한 주장이다.

그러나 다음은 일견으로는 잘못이 없어 보이나 실상은 오류다.

If P then Q
Q
Therefore P

$P \supset Q$
Q

P

이 또한 오류인데 여기서 언급하는 것은 실제로 우리가 오류를 파악하는 것이 쉽지 않다는 것이며 모두스 톨렌스와 관련이 있어서

이다. 이 역시 너무 쉽게 자주 저지르는 악명 때문에 특별한 이름까지 가지고 있다. 후건을 부정하여 전건의 부정을 도출하려는 타당한 모두스 톨렌스를 지키지 못한 탓으로 후건 긍정의 오류(the fallacy of affirming the consequent)라고 한다. 이것도 마찬가지로 형식적 오류를 대표할 수 있는 것이다. 다음 주장을 보면 그 이유가 보일 것이다.

If this object is a desk, it is made of metal.
This object is made of metal.
___
This object is a desk.

이 경우도 주장이 타당하지 못하다는 것은 명백하다. 책상이 아닌 많은 사물이 금속으로 만들어질 수 있기 때문에 이런 유형의 주장은, 얼핏 보기에는 타당한 것처럼 유혹하지만, 결코 타당할 수 없다.

여기서처럼 모두스 포넨스와 전건 부정의 오류를 직접 대비시키고 또 모두스 톨렌스와 후건 긍정의 오류를 직접 대비시키니 그 오류가 얼른 눈에 띠지만 일반적 상황에서는 파악하기가 쉽지 않고 또 그런 오류를 쉽게 저지르게 되는 것을 우리는 부인하기 어려울 것이다.

3) 가설적 삼단논법(hypothetical syllogism) 또는 조건적 삼단논법(conditional syllogism)

If P then Q

If Q then R

Therefore if P then R

$P \supset Q$

$Q \supset R$

$P \supset R$

다음 예를 참고하자.

If prices are high, then wages are high.

If wages are high, then there is an inflation.

If prices are high, then there is an inflation.

4) 선택적 삼단논법(disjunctive syllogism)

Either P or Q

Not P

Therefore Q

$P \lor Q$
$\sim P$

Q

Either Pablo Picasso was this century's greatest artist or Paul Klee was.
Pablo Picasso was not this century's greatest artist.

Paul Klee was this century's greatest artist.

또는

Either P or Q
Not Q
Therefore P

$P \lor Q$
$\sim Q$

P

Either Pablo Picaso wes this century's greatest artist or Paul Klee was.

Paul Klee was not this century's greatest artist.

Pablo Picasso was this century's greatest artist.

그러나 여기서 한 가지 주의할 점이 있다. 다음과 같은 경우도 타당하겠는가 이다:

$P \vee Q$

P

$\sim Q$

또는

$P \vee Q$

Q

$\sim P$

여기서는 주의를 요한다. 요컨대 P와 Q가 독립적이어서 공통으로 겹치는 부분이 없다면 즉 배타적이라면 문제가 없다. 그러나 P와 Q가 소위 교집합 즉 공통으로 집합하는 부분이 있다면 즉 포괄적이라면 성립하지 않는다. 왜냐하면 P와 Q가 서로 공통하는 경우라면, 예를 들어, P 아니면 Q인데, P라면 Q에서 P와 Q가 겹치는 부분을 뺀 부분이 아니라고 해야 하기 때문이다. 달리 표현하면 그냥 Q가 아니라고 하면 P에서 P와 Q가 겹치는 부분을 빠트리는 결과가 되기 때문이다. 그러므로 위의 두 경우의 해석은 일반적으로 받아들일 수 없다. 곧 항상 참인 함의가 될 수 없다. 즉 가정이 결론을 결코 보장할 수 없다. 그러므로 도출적 주장에서 타당하지 못한 경우가 된다. 그래서 전부(全部) 아니면 전무(全無)의 정신에 따라서 전무가 되며 더 이상 고찰의 의미가 없다. 소크라테스주장도 타당한 경우 외에는 아니 검토하지 않았던가. 다음 다이어그램을 참고해 보자.

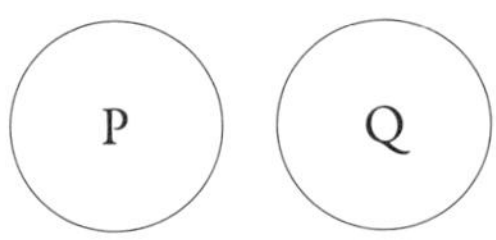

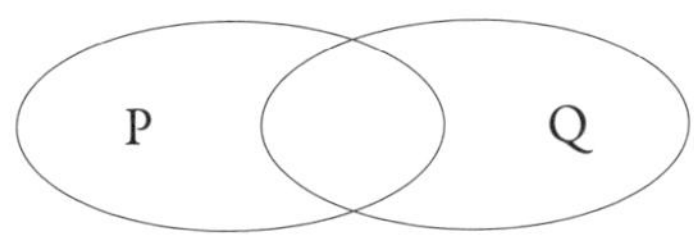

그러나 그것이 그렇게 간단한 것만은 아니다. 우선 선택명제 P∨Q가 주어졌을 때 의미하는 바를 다시 생각해보자. 과연 이 명제가 P이거나 Q여서 이 경우 P이면 오직 P일 뿐이고 Q이면 Q여서 아예 두 개 사이에서 공통하는 부분이 있을 수 없는 것인지 아니면 공통의 교집합의 가능성이 여전히 있는 것인지 확실히 할 필요가 있다. 그러나 아무리 생각해보아도 겹치는 가능성은 인정할 수 없다는 명분은 존재하지 않으므로 공통하는 교집합의 경우는 여전히 있을 수 있다고 보아야 한다. 그러므로 우선적으로 겹치는 부분이 있느냐 없느냐의 경우로 나누어 보는 것이 마땅할 것이다.

예를 들어 겹치는 경우가 있는 경우는 아까 설명한 것처럼 분명히 두 해석이 다 가능하다고 볼 수 없다. P를 정수, Q를 자연수라고 해보자. 우리가 아는 바와 같이 정수는 음수와 0 그리고 양수를 모두 포괄하는 수이고, 자연수는 오직 양수만을 가리킨다. 즉 양수의 정수만을 자연수라고 한다는 말이다. 그렇다면 Q가 아예 전부 P에 포함되고 있는 경우라서 – 'a 경우' –

$P \vee Q$	$P \vee Q$
$\sim P$	$\sim Q$
Q	P

후자의 경우만 성립하니 일반적으로 성립한다고 할 수 없다. 물론 다음 두 가지도 – 'b 경우' – 성립하지 못한다. 말하자면 아무 경우도 아니 된다는 것이다.

$P \vee Q$	$P \vee Q$
P	Q
$\sim Q$	$\sim P$

그렇다면 Q가 P에 완전히 포함되는 경우는 어떤 식으로도 선택적 삼단논법을 적용할 수 없으며, 각자가 독립적이면서 부분을 공통하는 경우라면, 소위 a의 방식은 통하지만 b의 방식은 통하지 않는다는 것을 알 수 있다. 그러므로 이 경우 또한 일반적으로는 통하지 않는다고 보아야 한다. 그리고 Q와 P가 완전 독립적이어서 겹치는 공통 부분이 없는 경우라면 오직, 소위 선택적 삼단논법만이, a의 경우와 b의 경우까지 통한다는 것을 알 수 있다. 그렇다면 다시 원점으로 가서 P 또는 Q라는 선택의 경우가 실제로 서로 독립적인 경우를 시사하는 것이지 않느냐는 반성을 하게 된다. 즉 P이거나 아니면 그냥 Q다. 또는 선택적 삼단논법에서는 P와 Q가 독립적인 경우만 다루게 된다는 것이 되고 만다.

그렇다면 다시 앞서 예를 든 피카소와 클레의 경우도 서로 겹치는 것이 완전 배타적으로 없는 경우로서 a 경우 b 경우 다 된다고 보이나 역시 a 경우만 통하며 선택적 삼단논법은 선택 중 어느 하나를 부정한 경우에서만 다른 하나를 긍정으로 도출하는 것이 가능한 것이다.

Either Pablo Picaso was this century's greatest artist or Paul Klee was.
Paul Klee was not this century's greatest artist.

Pablo Picasso was this century's greatest artist.

또는

Either Pablo Picaso was this century's greatest artist or Paul Klee was.

Pablo Picasso was not this century's greatest artist.

Paul Klee was this century's greatest artist.

그리고 여전히

$P \vee Q$

$\sim P$

Q

또는

$P \vee Q$

$\sim Q$

P

인 것일 뿐이다.

그러므로 다음은 안 된다. 오류다.

Either divine creationism is true or a big bang magically happened.

Science indicates the big bang magically happened.

God had no part in creation.

또는

Either divine creationism is true or a big bang magically happened.

It is the case that God created the world.

The big bang did not magically happen.

5) 구성적 딜레마(constructive dilemma)

Either P or Q

If P then R

If Q then S

Therefore R or S

$P \vee Q$

$P \supset R$

$Q \supset S$

R∨S

다음 예를 검토해보자.

날씨가 해뜨고 맑거나 흐리고 비뿌리거나 이다.
날씨가 해뜨고 맑으면 너무 더워 산책에 좋지 않아 길을 걷지 않을 것이다.
날씨가 흐리고 비뿌리면 너무 쌀쌀해 산책에 좋지 않아 길을 걷지 않을 것이다.
그러므로 너무 더워 산책에 좋지 않아 길을 걷지 않거나 너무 쌀쌀해 산책에 좋지 않아 길을 걷지 않을 것이다. (그러므로 필요에 따라서 더 나아가서는 결론 문장으로 "산책에 좋지 않아 길을 걷지 않을 것이다"를 도출할 수도 있겠다.)

그런데 이 구성적 딜레마는 다소의 주의를 요한다. 우선 양자택일의 딜레마임을 주시하자. 상황은 두 가지다. 두 가지뿐이다. 즉 P 아니면 Q다. 그렇다면 그 가능한 상황 두 가지를 다 검토하게 되는데, 하나의 상황 P를 알아봤더니 P이면 R이더라는 것이고, 다른 하나의 상황인 Q를 알아봤더니 Q이면 S더라는 것이다. 그렇다면 P이면 R이고 Q이면 S이며, 그리고 상황이 오직 P 또는 Q이면, 결과는 R 또는 S여야 하지 않겠는가.

6) 합하기 또는 연합(conjunction or ampersand in)

P

Q

Therefore P and Q (또는 Q and P)

P

Q

$P \wedge Q$ (또는 $Q \wedge P$)

그러므로 다음의 예가 낯설지 않을 것이다.

철수는 한국대 학생이다.

영희는 북한대 학생이다.

철수는 한국대 학생이고 그리고 영희는 북한대 학생이다. (또는 영희는 북한대 학생이고 철수는 한국대 학생이다.)

7) 나누기 또는 분리(simplification or ampersand out)

P and Q

Therefore P (또는 Q)

$P \land Q$

P

또는

$P \land Q$

Q

다음 예 역시 매우 상식적이다.

나는 한국인이고 그리고 또한 서울 시민이다.

나는 한국인이다.

나는 한국인이고 그리고 또한 서울 시민이다.

나는 서울 시민이다.

8) 더하기(addition)

P

Therefore P or Q

P

$P \lor Q$

나는 철학과 미술과 시를 사랑한다.

나는 철학과 미술과 시를 사랑한다거나 나는 비극성 논픽션을 좋아한다.

이 도출의 규칙은 얼핏 보기에는 좀 엉뚱하지만 여전히 타당하다. 왜냐면 P가 참이면 P에 어떤 선택의 명제가 더해져도 그 결론의 명제는 참일 것이기 때문이다. 위의 결론 '나는 철학과 미술과 시를 사랑한다거나 나는 비극성 논픽션을 좋아한다.' 대신에 '나는 철학과 미술과 시를 사랑한다거나 나는 팥이 들어간 빙과류를 좋아한다.'도 타당하고 '나는 철학과 미술과 시를 사랑한다거나 나는 얼굴이 화려하게 예쁜 여자보다는 마음이 단정한 여자를 더 좋아한다.'도 역시 타당하다. 좀 달리 설명하자면, 'P이면 P이다'는 이해할 수 있을 것이다. 참과 참으로 구성된 타당한 주장이다. 즉 '눈이 내린다'이면 '눈이 내린다'고 할 수 있으리라. 이보다 더 확실한 도출은 없을 것 같다. 그런데 결론 '눈이 내린다'와 '눈이 내리거나 비가 내리거나이다'는 논리적 값에 차이가 없다. 왜냐면 '눈이 내리거나 비가 내리거나이다'는 '눈이 내리거나'와 '비가 내리거나' 중 하나만 만족시켜도 되는 경우라서 그렇다. 그런데 이미 '눈이 내리거나'는 확보되어 있어서 굳이 선택과 분리(disjunction, ∨)로 이어지는 명제는 전체 값에 영향을 끼칠 수 없는 것이다. 역시 참과 참으로 이루어진 경우라고 볼 수 있다. 그러므로 '눈이 내린다 그러므로 눈이 내린다'와 '눈이 내린다 그러므로 눈이 내리거나 비가 내린다'는 논리적 값에 차이가 없다. 물론 '눈이 내린다 그러므로 눈이 내리거나 비가 내리거나 바람이 분다'와도 차이가 없다. 즉 'P이면 P이다'와 마찬가지로 'P이면 P이거나 Q이거나 R이거나 이다' 역시 변함없이 타당하다:

P
–
P

P
———
P∨Q

P
————
P∨Q∨R

'제3장 도출적 주장의 정당함의 타당성과 비도출적 주장의 설득력의 신뢰성'에서 도출적 주장을 설명하면서 추가 정보와 타당성을 언급하였다. 그리고 그 때 새로운 정보로서 가정이 늘어나도, 무엇보다도 기존의 가정과 모순적인 가정이 더해지더라도, 이미 타당성이 확보된 결론에 아무런 영향을 끼칠 수 없는 본질적 성격이 있다는 것을 특별히 지목하여 검토한 것을 독자는 기억할 것이다. 그리고 그 때 여기의 더하기도 잠깐 거론하였던 것도 역시 기억날 것이다. 사실 논리의 놀라운 수확이나 동시에 허구성이 여기서도 잘 드러난 셈이다. 생각해 보라. 만일 '나는 철학과 미술과 시를 사랑한다.'라는 가정에서 '나는 철학과 미술과 시를 사랑한다거나 중국은 위구르, 티베트, 내몽고의 독립을 보장하고 베트남, 타이완, 한국, 일본, 연변 만주족 등의 소위 주변민족과의 분쟁을 조속히 해결하기 위해서 적극 나서야 한다.'고 결론하게 된다면, 그리고 그것도 타당성을 유지하면서 결론을 도출해내고 있다면, 이 얼마나 놀라운 외연적 확대가 되겠는가.

또 다른 예를 보면서 논리의 경이로움을, 이것이 논리의 본성인데, 더욱 더 실감해보자. 만일 'P'라는 명제 단 하나만 주어져도 우리는 금방 거론한 더하기를 적용하여 'P 또는 Q'라는 명제를 만들 수 있고, 또 여기에서 더 나아가서 앞의 구성적 딜레마를 기억하면 P이면 R이고 Q이면 S다 라는 과정을 거쳐서 'R 또는 S'라는 소위 구성적 딜레마의 결론에 곧 이르게 된다. 도식화해보면 다음과 같다.

$$\frac{P}{P \lor Q}$$

$P \lor Q$

$P \supset R$

$Q \supset S$

$R \lor S$

보라, 이 얼마나 기상천외한 결과가 그것도 논리적으로 타당하게 도출되었는가. 처음 출발한 P하고는 아무 상관없는 R∨S가 생겨난 것이다. 더욱 실감나게 하기 위해서 변문(變文, sentential variables)을 구체적 문장으로 대체해보자.

철새 떼가 금강 상류에서 죽었다.

철새 떼가 금강 상류에서 죽었다거나 천문학과 달리 점성술은 과학이 아니거나이다.

철새 떼가 금강 상류에서 죽었다면 지구과학연구에 문제가 있다고 진단할 수밖에 없다.

천문학과 달리 점성술이 과학이 아니면 별자리 얘기는 신문 과학난에 실려서는 안 된다.

지구과학연구에 문제가 있거나 점성술은 신문 과학난에 실려서는 안 된다.

가정 '철새 떼가 금강 상류에서 죽었다.'에서 결론 '지구과학연구에 문제가 있거나 점성술은 신문 과학난에 실려서는 안 된다.'에 이른 것은 가히 논리학의 경이로운 본성 탓일 것이다. 그러나 또한 우리가 경계해야 하는 것은 논리가 가져다주는 거대한 외연의 확대 속에는 많은 논리적 허구가 있을 수 있음을 망각하지 않는 것이다. 그러나 그 부분의 탐구는 지금의 비판적 사고훈련의 검토 수준을 넘어서는 꽤 수준 높은 논리학의 연구가 되겠다.

4. 8개 등가의 규칙(Replacement Rules)

두 개의 명제가 항상 같은 참 가치를 갖는다면 두 명제는 논리적으로 등가(等價)하다고 한다. 그래서 서로 돌려쓸 수 있다. 8개의 타당한 등가의 규칙들(valid equivalent rules, valid equivalent forms) 또는 항상 참인 등가(tautological equivalences)를 여기서 위의 도출의 규칙과 비교하여 제시한다. 좌우 논리적 값이 같아서 그리고 타당한 산정이어서 언제든지 변용하여 쓸 수 있다. 그러나 항상 강조하듯이, 도출의 규칙과 등가의 규칙을 아는 것이 논리적 문제 해결에 전부일 수는 없다. 이 책에서 소개하는 8개 도출의 규칙과 8개 등가의 규칙을 숙지하는 것이 논리성을 훈련하는 데 만병통치약은 될 수 없다는 말이다. 그 외에도 물론 타당한 주장을 파악하고 구축하는 기술은 부단한 노력을 통해서 얻어지게 된다. 끊임없이 기술을 갈고 닦으면 주장이 타당함을 더욱 쉽게 파악하고, 언뜻 외견 타당해 보여도 실제로는 부당한 주장을 더욱 쉽게 분별할 수 있을 것이며, 또 타당하고 유효한 주장을 필요에 따라 구축할 수도 있을 것이다.

1) 이중 부정(double negation)

$P \equiv \sim\sim P$

It is raining
is equivalent to
It is not the case that it is not the case that it is raining.

2) 교환(commutation)

$(P \wedge Q) \equiv (Q \wedge P)$ 또는 $(P \vee Q) \equiv (Q \vee P)$

이승만은 서울시 시민이고 그리고 그는 용산구 구민이다는
아래와 등가하다 즉 논리적 값이 같다.
이승만은 용산구 구민이고 그리고 그는 서울시 시민이다.

여기서 괄호를 쓰는 것은 논리학의 본질은 아니다. 즉 논리학 용어가 아니다. 단지 수학으로부터 사람들이 어느 정도 괄호사용에 익숙할 것이라는 전제하에 의미의 혼돈을 막고 의미를 보다 쉽게

파악하기 위해서 쓰이는 정도다. 말하자면 여기서는 $(P \wedge Q) \equiv (Q \wedge P)$이지 $P \wedge (Q \equiv Q) \wedge P$ 따위가 아니라는 것이다.

또는

Either April is the cruelest month of the year or December is.
is equivalent to
Either December is the cruelest month of the year or April is.

3) 전위(transposition) 또는 환위(contraposition)

$$(P \supset Q) \equiv (\sim Q \supset \sim P)$$

If Fillmore was born in New York then he was born in the United States.
is equivalent to
If Fillmore was not born in the United States then he was not born in New York.

사려 깊은 독자는 여기서 등가의 규칙 환위 또는 전위라는 것이 도출의 규칙에서 배운 모두스 톨렌스(Modus Tollens)와 의미상 흡사하다고 느낄 것이다. 그도 그런 것이 모두스 톨렌스에서는 조건문장이 주어지고 그 조건문장의 후건을 부정해서 그 조건문장의 전건의 부정이 나오는 것으로 이해되기 때문이다. 날카로운 관찰이다. 차이는 이 정도다. 모두스 톨렌스는 도출의 규칙이고 환위는 등가의 규칙이라는 차이다. 다시 말하자면 전자 모두스 톨렌스에서는 조건문장이 가정으로 주어지고 또 하나의 가정으로 그 조건문장의 뒷부분의 즉 후건의 부정이 주어지면 결론으로 그 조건문장의 전건의 부정을 도출할 수 있다는 것이고, 후자 환위에서는 주어진 조건문장과 그 조건문장의 후건의 부정을 전건으로 하고 전건의 부정을 후건으로 하는 조건문장이 논리적으로 값이 같다는 것을 단지 의미하는 것뿐이다.

4) 함의의 정의(definition of implication)

$(P \vee Q) \equiv (\sim P \supset Q)$
또는
$(P \vee Q) \equiv (\sim Q \supset P)$

Either it is rainy or it is windy.
is equivalent to
If it is not rainy then it is windy.

여기서도 예리한 독자는 등가의 규칙인 함의의 정의의 규칙이 도출의 규칙인 선택적 삼단논법(disjunctive syllogism)과 의미상 유사하지 않느냐고 물을 것이다. 비슷하나 역시 차이는 이렇다. 선택적 삼단논법에서는 가정으로 선택명제가 주어지고, 오직 두 선택의 경우만 존재하니까, 그 중 전건을 부정하면 후건이 그리고 후건을 부정하면 전건이 그 결과로 도출되는 것이고, 여기 함의의 정의의 규칙은 두 개 중 하나라는 선택의 명제가 주어지면 그것은 그 명제의 전건을 부정한 것을 전건으로 하고 후건을 후건으로 하는 조건명제와 논리적 값이 같다는 의미를 말하고 있을 뿐이다.

5) 함의와 선택(implication and disjunction)

$(P \supset Q) \equiv (\sim P \vee Q)$

If Fillmore was born in New York then he was born in the United States.
is equivalent to
Either Fillmore was not born in New York or he was born in the United States.

6) 함의의 부정(negation for implication)

$\sim(P \supset Q) \equiv (P \wedge \sim Q)$

It is not the case that if it is rainy then it is windy.
is equivalent to

It is rainy and it is not the case that it is windy.

7) 수출과 수입(exportation and importation)

$[(P \wedge Q) \supset R] \equiv [P \supset (Q \supset R)]$

If the store is open and the sale is still on then I am going to buy a rowing boat.
is equivalent to
If the store is open then if the sale is still on then I am going to buy a rowing boat.

말하자면 내보내고 받아들이는 데 있어서의 등가의 법칙이다.

8) 드 모간의 규칙(De Morgan's rules)

$\sim(P \wedge Q) \equiv (\sim P \vee \sim Q)$

It is not the case that Napoleon was born in London and he was born in England.
is equivalent to
Napoleon was not born in London or Napoleon was not born in England.

또

$$\sim(P \lor Q) \equiv (\sim P \land \sim Q)$$

It is not the case that either Napoleon was born in London or he was born in England.
is equivalent to
Napoleon was not born in London and he was not born in England.

5. 논리성에 관하여 : 논리의 본성과 논리의 한계

끝으로 필자는 잠깐 논리성 또는 논리의 본성 또는 논리의 한계에 관하여 좀 더 진술함에 말을 아끼지 않으려 한다. 특별히 이미 언급한 선택적 삼단논법을 정밀히 검토하면서 연관되는 생각들을 나름대로 써 내려가려 한다. 이것을 통해서 필자와 독자가 함께 인간 사고의 논리성을 더 이해하는 시간이 되었으면 한다. 주지하듯이 선택적 삼단논법에서 P∨Q, ~P, ergo Q라든지 P∨Q, ~Q, ergo P에 대해서는 이견이 없다. 논란의 여지는 P∨Q, P, ergo ~Q라든지 P∨Q, Q, ergo ~P가 가능한가 또는 더 정확히 가능한 경우가 있을 수 있지 않겠는가이다. 이미 거론하였듯이 이 문제는 P와 Q가 서로 배타적이냐 포괄적이냐는 문제와 함께, 집합으로 말하면 P와 Q에 있어서 공통집합군이 있느냐 없느냐는 문제와 더불어, 논쟁적으로 되었다. 이 문제에 관련하여 필자 자신의 성찰은 무론하고 대체로 세 가지 시도로서 해결하려 노력하였다. 첫째, 다수 여러 서적을 검토 확인해보고, 둘째, 국내 몇몇 학자들과 상의해 보고, 셋째, 미국의 관련 전공 교수들에게 (다음에 소개하는) 질문을 서신으로 주고 또 상응하는 답을 받음으로써이다. 차례로 그대로 인용보도하겠다.

세 시도에서 드러난 것은, 첫째는, 한결같이 한 가지로 선택적 삼단논법은 P∨Q, ~P, ergo Q 또는 P∨Q, ~Q, ergo P이다는 것이고, 둘째는, 두 가지로, 한편으로 ds에서 P∨Q를 해석함에 포괄적이냐와 배타적이냐를 나누어 생각할 필요조차 없다는 경우가 있고, 다른 한편으로는 P∨Q를 해석함에 포괄적/배타적으로 나누어 보나 논리적으로 타당한 규칙으로서는 선택적 삼단논법은 P∨Q, ~P, ergo Q 또는 P∨Q, ~Q, ergo P이다는 것이며, 셋째는, 이 부분이 현안 최대 관심사가 되겠는데, 대체로 세 가지 정도로, ds는 P∨Q, ~P, ergo Q 또는 P∨Q, ~Q, ergo P여야 하는 이유를 나름대로 설명하고 있는 것으로 파악하였다. 차례를 밟아 부연 설명하려고 한다.

첫째, 우선하는 해석으로는, 'Either Maria is at the party or Theresa is at the party.'와 같은 문장은 disjunction이다. 그런데 그 의미는 항상 물론 inclusive disjunction이거나 exclusive disjunction의 경우다. 즉 마리아만 파티에 있을 수 있고 또 테레사만 파티에 있을 수 있을 수 있는 상황이 있으나 동시에 두 사람 함께 파티에 있을 수 있다. 그리고 마리아거나 테레사만 파티에 있는 수도 있겠으나 함께 있을 수 있다고 보는 것도 동시에 생각할 수 있다는 것이 일반적 해석이라는 것이다. 실제로 그렇지 않겠는가. 즉 disjunction

의 해석은 'either-or, and maybe both'이지 'either-or, but not both'는 아니라는 설명이다. 그러므로 disjunction은 일반 우리의 이해로는 inclusive disjunction으로 해석하는 것이 옳다는 것이다.

그러므로 P∨Q, ~P, ergo Q 또는 P∨Q, ~Q, ergo P만이 타당한 선택적 삼단논법의 해석이 되는 것이다. 그러나 만일 예외적으로 정말 마리아만 또는 테레사만 파티에 있은 경우를 상정한다면, 즉 마리아와 테레사가 동시에 파티에 있는 가능성을 배제한다면, 물론 여전히 위의 선택적 삼단논법에는 지장이 없을 것이나 혹 이 경우 P∨Q, P, ergo ~Q라든지 P∨Q, Q, ergo ~P도 통할 수 있지 않느냐는 항의에는 대수롭게 생각하지 않는 듯하다. 변함없이 그들은 ds는 P∨Q, ~P, ergo Q거나 P∨Q, ~Q, ergo P이다. 필자의 판단으로는 우리의 일반적인 생각은 포괄적인 것이 분명하며 그에 기초하여 일반적 ds의 형식을 도출한 상태다. 만일 배타적인 경우만 필요한 경우가 생긴다면 그 때가서 그 상황을 검토해 보라는 정도다. 그러나 여전히 우리는 일반적 논리성을 생각할 것이므로 일반 법칙으로서 ds는 바뀌지 않으며 바뀔 필요가 없다는 것이다.

둘째, 다음 해석으로는, 특별한 단서나 조건이 없는 한 P∨Q가 포괄적인 경우와 배타적인 경우로 나누어 해석하여야 한다는 데에는 첫째 입장과 다르지 않다. 그리고 포괄적 해석의 경우라면 ds의 해석이 P∨Q, ~P ergo Q라든지 P∨Q, ~Q, ergo P여야 한다는 데에도 이견이 없다. 그러나 P∨Q를 배타적으로 해석해야 하는 경우는 ds의 해석이 P∨Q, ~P, ergo Q라든지 P∨Q, ~Q, ergo P뿐만이 아니라 P∨Q, P, ergo ~Q나 P∨Q, Q, ergo ~P도 가능하게 된다는 것이다. 그래서 P∨Q에서 P나 Q를 부정함으로써 P나 Q를 도출할 수 있고 논리적 값을 산정할 수 있으나 P나 Q를 긍정함으로써 ~P나 ~Q를 도출하는 것은 비일관적이어서, 달리 말하면 상황에 따라서 달라지면서, 불가능하다는 것이다.

즉 가정으로 항상적인 결론을 보장할 수 없어서 도출 불가로 논리적 값을 산정할 수 없다는 것이다. 필자가 이해한 바를 정리하자면 ds는 P∨Q에서 P나 Q를 부정함으로써 포괄적인 경우나 배타적인 경우 모두 논리적 값을 구할 수 있으나, P나 Q를 긍정하는 방식으로는 배타적인 경우만이 가능하고 포괄적인 경우는 결론을 도출하는 것이 불가하여 결국 항상적으로 값을 구할 수 없고 비결정으로 남을 수 밖에 없다는 것이다. 일종의 논리의 비결정으로 파악하겠다는 입장이다. 그러므로 ds의 일반 규칙성은 여전히 P∨Q, ~P, ergo Q나 P∨Q, ~Q, ergo P로 분명하게 남는다.

셋째, 또 다음 해석으로는, 앞에서 언급한 서신 교환에서 드러난 입장과 해석이라고 보는데 먼저 필자의 질문과 그들의 응답을 소개하고 필자 나름의 평가적 해석을 해볼 것이다. 질문과 응답 순이다. 예상하듯이 필자의 질문 내용은 두 가지다. 첫째 질문은 ds에서 P∨Q, ~P, ergo Q 뿐만 아니라 P∨Q, P, ergo ~Q 도 될 수 있느냐는 것이고, 둘째 질문은 P∨Q에 있어서 P와 Q가 포괄적인 경우만 생각하느냐 아니면 포괄적인 경우와 배타적인 경우를 모두 검토해 보아야 하느냐는 것이었다. 우선 필자의 질문과 그들의 답을 보자.

다음은 필자의 질문이다.

I am writing you to ask a question about Disjunctive Syllogism in Logic. The question to be followed in the attached file has been raised in my philosophic discussion. Please, if possible, let me hear your specialist voice.

When we consider Disjunctive Syllogism (DS) we normally understand it as follows:

(1) Either P or Q $P \lor Q$

Not P $\sim P$

———— ————

Ergo Q Q

or

(2) Either P or Q $P \lor Q$

Not Q $\sim Q$

———— ————

Ergo P P

Thus, for instance,

(1) Either Picasso was this century's greatest artist or Klee was.

Picasso was not this century's greatest artist.

Klee was this century's greatest artist.

or

(2) Either Picasso was this century's greatest artist or Klee was.

Klee was not this century's greatest artist.

Picasso was this century's greatest artist.

Then, *this is my question*, can I also interpret DS in the following manner?

(1) Either P or Q	$P \vee Q$
P	P
―――	―――
Ergo not Q	$\sim Q$
or	
(2) Either P or Q	$P \vee Q$
Q	Q
―――	―――
Ergo not P	$\sim P$

Thus, for instance,

(1) Either Picasso was this century's greatest artist or Klee was.

Picasso was this century's greatest artist.

Klee was not this century's greatest artist.

or

(2) Either Picasso was this century's greatest artist or Klee was.

Klee was this century's greatest artist.

Picasso was not this century's greatest artist.

Finally, *one more question related to the foregoing*, when we state that either P or Q, are they (P, Q) mutually exclusive? Or can there still be any common overlapping entity? For example, suppose the case (1) P = It is the Earth, Q = it is the Mars. Then $P \lor Q$ should be regarded as mutually exclusive and not commonly overlapped. And suppose also the case (2) P = Natural numbers, Q = Whole numbers. Then $P \lor Q$ should be regarded as not completely exclusive and having some common ground. Don't they (the case (1), the case (2)) really differ in a significant sense? Depending upon how to interpret $P \lor Q$ as in the case (1) or the case (2), the preceding discussion on either Picasso or Klee and further on the disjunction $P \lor Q$ in general should also be interpreted differently, shouldn't it?

다음은 미국 McFerran 교수와 Nute 교수의 답신이다.

Unfortunately I do not have the software to open the attached file. However, the idea of a disjunctive syllogism is just that if I have a choice between two options (both of which could be true) and I can rule one out, the other must be true. It does not work the other way around: knowing one is true does not mean the other must be false. Often I explain this to my students as saying that someone who does not like black coffee may have either milk or sugar, but this does allow someone to take both. It is what we call an inclusive disjunction (M∨S), while the choice between tea or coffee is an exclusive disjunction [(T∨C) & ~(T & C)].

I see your problem, No, when we have an example of DS we are working with items that are not stated to be mutually exclusive (although in fact they could be). This us why it is not correct to say that if one is true the other must be false. Possibly Korean does not have these two types of disjunction that could be communicated with the same word, and so it is something about English that creates the difficulty. In your example, you are absolutely correct in saying that if, for instance, Picasso is the century's greatest artist Klee could not be, but this is the problem with the original symbolization so that it completely refects the facts: (P∨K) & ~(P & K). Ordinarily in symbolic logic we do not bring in the idea of mutual exclusion unless we really need to. "P∨K" is not incorrect, just incomplete. I hope this helps.

필자가 이해하는 바로는 선택적 삼단논법에 대한 이 세 번째 입장은 대개 이렇다. 두 개의 가능한 선택 중에서 그 중 하나를 부정하여 배제하면 다른 하나가 참으로 남는다는 것이며, 그 반대 즉 두 선택 중 하나가 참이라는 것이 다른 하나의 거짓이어야 하는 것은 의미하지 않는다는 것이다. inclusive disjunction P∨Q는 'either-or, and maybe both'이고, 한편 exclusive disjunction (P∨Q)∧~(P∧Q)는 'either-or, but not both'여서, 기본적으로 inclusive P∨Q에서 P, Q, 그리고 P∧Q 등 우리가 실제로 상정하고 필요한 모든 경우를 다 제시한다고 보고 있다. 그러므로 ds를 설명함에 있어서 P∨Q 즉 inclusive disjunction를 다루는 것이 논리적으로 아무 하자가 없으며 다만 (P∨Q)∧~(P∨Q)를 다룰 필요를 느끼지 못하는 것이며 그래서 (P∨Q)∧~(P∧Q)를 다루지 않는 것은 굳이 논리적 불완전(logical incompleteness)으로 받아들이겠다는 입장이다. 그래서 피카소와 클레의 경우에서도 ds로서 피카소∨클레, ~피카소, 그러므로 클레 또는 피카소∨클레, ~클레, 그러므로 피카소가 타당하다는 것이다. 또 그래서 여기서 배타적 선택을 고려해 즉 (피카소∨클레)∧~(피카소∧클레)의 경우가 주어져, 일상 사실에 부합할지라도, 피카소∨클레, 피카소, 그러므로 ~클레 또는 피카소∨클레, 클레, 그러므로 ~피카소 따위는 논리적으로 허용할 수 없다는 것이다.

필자는 ds에 관한 위 세 입장 즉 'P∨Q, ~P, ergo Q 또는 P∨Q, ~Q, ergo P, And Not the other way around!'에 기본적으로 동의한다. 각각의 입장에 많이 공감한다. 또 이는 권위 있는 국외 국내의 비판적 사고에 관한 책들이 예외 없이 한결같이 고수하고 있는 바이다. 그러나 왜 P∨Q, P, ergo ~Q, 또는 P∨Q, Q, ergo ~P는 수용할 수 없는지에 대한 그들의 설득은 1% 미흡함을 느끼며 그 미흡을 채우기 위해서 그리고 독자 여러분의 이해의 증진을 도모하고자 필자 나름의 생각을 세 가지 예를 들어가면서 설명하고자 한다.

수학에서는 수를 다룬다. 대수학 방정식에 $x^2-y^2=(x+y)(x-y)$가 있다. x나 y 대신 아무 수라도 넣어 쓸 수 있을 것이다. 어떤 수에는 통하고 어떤 다른 수는 통하지 않는다면 $x^2-y^2=(x+y)(x-y)$를 일반 공식으로 쓸 수 없을 것이다. 그 때는 공식이 아니다. 한편 논리학에서는 문장을 다룬다. disjunctive syllogism으로서 P∨Q, ~P, ergo Q에는 P나 Q 대신 아무 문장이라도 들어갈 수 있어야 하고 들어갈 수 있다. P∨Q와 ~P는 함께 가정으로서 항상 결론 Q를 보장하기 때문에 이 삼단논법은 타당한 도출적 주장이 된다. 그래서 이 선택적 삼단논법은 소위 즉 타당한 논리의 규칙이다. 만일 P∨Q, P, ergo ~Q처럼 P와 Q 대신 아무 문장이라도 통하지 않고 오직 P와 Q가 서로 배타적인 경우에만 통하고, 즉 가정이 결론을 보장하고, 서로 포괄적이라면 통하지 않는다면, 즉 가정이 결론을 보장하지 못한다면, P∨Q, P, ergo ~Q는 ds의 해석으로 사용할 수 없다. 이미 타당한 삼단논법으로서의 정당성을 갖지 못한다.

이런 예를 들어보자. '모든 진돗개는 철학책을 읽을 수 있다. 내가 키우는 초롱이는 진돗개다. 그러므로 내가 키우는 초롱이는 철학책을 읽을 수 있다.' 이 주장은 가정이 어느 때라도 결론을 보장하는 타당한 주장이다. 그러나 다음 주장은 어떤가?: '성난 군중은 내가 키우는 개 초롱이에게 마구 돌을 던지고 칼로 찌르고 총으로 쏘고, 그리고 달려들어 껍질을 벗겼다. 그래서 초롱이는 죽었다.' 실제로 분명히 초롱이는 살아남지 못할 것이다. 그러나 기적과 같은 살아남을 가능성이 여전히 남아 있다. 그러므로 가정은 결코 결론을 항상 보장하는 것이 아니다. 참 가정 참 결론의 조합이 되지 못한다. 그러므로 이 주장은 즉 타당하지 못한 주장이다.

물론 초롱이가 죽는 경우는 타당하지 않겠느냐 하겠지만 복잡다단하고 혼란적인 것보다는 간단하고 일사불란한 것을 추구하는 논리정신이란 그런 자자란 것을 상세히 다루는 것을 거부하고 오히려 죽기도 하고 살기도 한다면 논리값을 산정할 수 없다고 결론하는 것이다. 그것이 소위 deductive validity의 사명이다. 그리고 초롱이가 죽는 경우로서 추구해 볼 수 있는 일말의 타당성의 가능성은 간단하고 일사불란한 것을 추구하는 논리정신의 명분으로는 미완으로 완전하게 확보하지 못하는 것이다.

그런 의미에서 논리적 불완전성을 얘기할 수 있을지라도 결코 논리적인 흠결이 있다고 판단하지 않는다는 것이다. 방금 말한 일말의 타당성을 확보하려다 정작 추구하고자 하는 논리성을 훼손한다면 그것은 바람직하지 않은 비논리적 행위가 될 것이기 때문이다. 또 그만큼은 논리성이라는 것은 실제나 현실과는 거리가 있을 수 있다고 보아도 말이 된다. 우리 일상생활에서 대체로 통하는 것들이 비논리적인 것이 어디 한두 개인가. 그러므로 앞서서 거론한 피카소와 클레의 경우도 크게 다르지 않다.

피카소∨클레, ~피카소, ergo 클레는 가정이 결론을 항상 보장하는 타당한 경우가 되나, 피카소∨클레, 피카소, ergo ~클레는 가정이 결론을 보장하는 경우(exclusive case) 보장하지 못하는 경우

(inclusive case) 갈리게 된다. 그래서 후자의 경우는 결국 가정이 항상 결론을 보장하는 경우가 못되어 타당한 주장이 못된다. 여기서도 전술한 개 초롱이 경우처럼 구분하여 정당성을 얘기할 수 있지 않느냐고 할 수 있겠으나 논리학에서는 그런 복잡다단하고 혼란적인 구분을 통해서 논리정신이 훼손되는 것보다는 구분 따위에 미련을 버리고 간단하고 일사분란해야 하는 논리정신을 지키려고 하는 것이 더 효용적이라고 판단한다. 또 구분을 통해서 얻을 수 있는 나름의 성과는 확보하지 못한 채로 그만큼 불완전하다고 말해도 틀리지 아니할 것이다. 왜냐하면 구분을 두지 않음으로써 확보하는 논리성이 더 중요하다고 판단한 때문이다

좀 성격이 다른 예이지만 논리성의 성격 규명에 도움이 될 것으로 믿어 다음을 함께 생각해보자고 제안한다. 비도출적 주장에서는 주지하듯이 nondeductive force가 관건이어서 이미 일정량 확보된 신뢰성이 어떤 가정이 추가적으로 더해짐에 따라서 달라질 수 있지만, 이에 비해서 도출적 주장은 일찍이 확보된 타당성이 이후 어떤 가정이 더 보태져도 심지어 기존의 가정에 모순적인 문장이 추가로 보태져도 그 타당성이 달라지지 않는다는 것을 기억할 것이다. 예를 들어 "모든 개과 동물은 포유동물이다. 캄차카의 회색 늑대는 개과 동물이다. 그러므로 캄차카의 회색 늑대는 포유동물이다."는 아주 간명한 타당한 주장이다.

그런데 다음과 같이 새로운 가정의 문장을 보태면 우리 일반 상식과 이해로는 언필칭 불합리한 주장이 될 성 싶을 것이다: '모든 개과 동물은 포유동물이다. 캄차카의 회색 늑대는 개과 동물이다. 캄

차카의 회색 늑대는 개과 동물이 아니라 일종의 파충류 구렁이다. 그러므로 캄차카의 회색 늑대는 포유동물이다.' 그러나 이 주장은 여전히 타당하다. 전자가 참 가정에 참 결론으로 이루어진 타당한 주장이라면 후자는 거짓 가정과 참 결론으로 이루어진 역시 타당한 주장이 된다. 이미 참과 참으로 이루어진 타당한 주장이라면 기존의 가정에 모순적인 가정이 더 보태져도 전체 가정이 거짓을 이룬 경우가 되어서 결론의 참과 거짓의 구분과 상관없이 여전히 타당한 주장이 된다는 논리다.

그러니까 더욱 일반적으로 말한다면 가정 추가의 어떤 경우라도 전체 가정이 모순적으로 되는 경우라면 그 타당성은 변화가 없다고 말할 수 있다는 것이다. 사실 우리 일반 상식으로는 곤혹스럽기 짝이 없는 것 아닌가. 거짓 가정으로는 참 거짓 구별 없이 어떤 결론도 타당한 주장 안에서 도출할 수 있다는 일반 논리성에만 집착하는 탓이다. 그러나 이러저러한 상황을 다 고려하여 타당성에 대한 일반적 규칙성을 수정하려 한다면 더 큰 논리성의 확보라는 사명을 소홀히 하게 될 것이다. 논리학은 일관되고 충직하게 논리성의 길을 좇는다. 그만큼 논리와 현실은 거리가 있고 불완전성의 면모가 있으나 논리의 외길을 탓하지는 않는다.

한 가지 더 소개해 보자. 우리는 도출의 규칙에서 더하기 또는 추가를 기억할 것이다. 필자는 이 형식을 대할 때마다 한편 공허하고 한편 놀랍다. 추가는 P, ergo P∨Q이다. 또는 P, ergo P∨Q∨R이다. 또는 P, ergo P∨Q∨R∨...이다. 예를 들어, "단국대학교는 용인에 있다. 그러므로 단국대학교는 용인에 있거나 성남에 있다."도 좋고 "단국대학교는 용인에 있다. 그러므로 단국대학교는 용인에 있거나 성남에 있거나 애플파이다."도 좋고 "단국대학교는 용인에 있다. 그러므로 단국대학교는 용인에 있거나 성남에 있거나 애플파이거나 라쿠카라차다..."도 좋다. 모두 가정이 결론을 보장하는 타당한 주장이라고 간주된다. 가정이 참이면 그 가정에 선택으로 어떤 문장이 더해져도 그것은 논리적으로 참이라는 것이다. 이 추가의 경우도 가정에 비추어 무작정 외연이 확대된 결론에 당혹스럽고 놀라지 않을 수 없으나 논리적으로 타당하다. 위에 소개된 여느 경우처럼 비상식적이라도 논리적 뼈다귀와 형식과 틀을 지키려는 논리적 훈련에서는 동이 닿는다. 필자는 위 세 가지 외에도 시간이 허락된다면 날이 새도록 더 많은 예를 통해서 현실과 거리를 두는 논리성의 실체를 규명할 수 있을 것 같다.

처음 시작한 예 피카소와 클레의 경우에서도 크게 다르지 않다고 본다. 피카소∨클레, ~피카소, ergo 클레와 피카소∨클레, ~클레, ergo 피카소는 항상 되고 피카소∨클레, 피카소, ergo ~클레나 피카소∨클레, 클레, ergo ~피카소는 논리적으로 항상 안 된다. 후자의 경우 피카소과 클레가 서로 배타적이어서 되지 않을까 하는 생각은 혹 일상 현실에서 친구끼리 모여서 담소하는 자리라면 통할 수도 있겠다. 그러나 논리적 훈련에서는 수용되지 않는다. 시장 상인들의 재미난 수다에서는 뭐 별 탈이 있겠는가마는 대학 토론에서는 불가하다. 백보를 양보해서 여타 과목에서는 별 문제 삼지 않는다 해도 논리학 강좌에서는 응당 문제 삼는다. 그만큼 엄격한 논리는 상대적으로 느슨한 일상과는, 또 덜 논리성이 기대되는 기타 학적 훈련과는, 거리가 있다. 더 흥미가 있다면 등가의 규칙들을 상대로 확대 검토해 보아도 좋을 것이다. 등가의 규칙 중에 함축의 정의를 기억할 것이다. 함축의 정의는 'Either P or Q' is equivalent to 'If ~P then Q'이지 'Either P or Q' is equivalent to 'If P then ~Q'는 통하지 않는다. 즉 (P∨Q)=(~P then Q)일 뿐 (P∨Q)=(P then ~Q)는 아니다. 같은 논리정신의 표현이라고 보아야 할 것이다.

6. 더 생각할 문제

여기서 우리가 좀 더 생각해보아야 할 문제들은 대체로 다음과 같다. 무엇보다도, 도출의 규칙이나 등가의 규칙이거나 그 규칙들을 단순히 이해하는 정도로 그쳐서는 부족하다. 그것들을 충분히 이해할 뿐만 아니라 구체적으로 예를 들어 가면서 그 특징과 구조를 정확히 파악해두어야 실제에 유용하게 쓸 수 있다. 그러므로 그 규칙의 용어를 기억하는 것, 구조를 잘 이해하는 것, 그리고 실제적으로 주장들을 만들어보고 구체적으로 주장에 적용해 보아서 완전 습득해 둘 필요가 있다. 그러면 우리는 어느덧 이런 규칙들이 논리적 사고에 얼마나 도움을 주는가를 실감하게 될 것이다.

다음으로는, 진즉 언급했듯이 8개 도출적 규칙이나 8개 등가적 규칙이 만능이 아니라는 것은 쌍관적인 의미다. 첫째, 규칙의 수는, 현재로서도 미래에서는 더욱, 더 늘려 확장할 수 있다는 것이다. 그래서, 둘째, 논리학에서 규칙이란 항상 완전이라기보다는 한계다. 우리가 사는 사회현상이 지금보다 훨씬 복잡다단해지면서 또 우리의 사고가 더 놀랍게 진전됨에 따라서 논리의 활동 궤적도 상상 이상으로 넓어질 것이 아니겠는가. 그럼에도 한 가지 분명한 것은 논리적 사고의 체득을 위해서 우리는 논리 훈련을 쉼 없이 해야 하는 점이다.

끝으로 한 가지 더 보태자면, 단수주장의 경우는 아니라 해도 복수주장에서는 종종 도출의 규칙과 등가의 규칙이 함께 쓰일 수 있다. 말하자면 복수주장의 과정에서 필요에 따라서 등가의 규칙이 쓰이면서 복수주장의 논리적 귀결을 용이하게 할 수 있다는 말이 된다. 이처럼 말과 글에서 도출의 규칙과 등가의 규칙은 상호 협력하고 또 상호 편승하여 논리적 훈련을 돕게 된다.

7. 토론할 주제들

1) 도출의 규칙과 등가의 규칙의 성격을 규명하면서 차이를 예를 들어 설명하시오.
2) 도출의 규칙 Modus Tollens와 등가의 규칙 Contraposition (Transposition)의 차이를 예를 들어 설명하시오.
3) 도출의 규칙 Disjunctive Syllogism과 등가의 규칙 Definition of Implication의 차이를 예를 들어 설명하시오.
4) 다음은 무엇이 잘못인가 설명하시오.
   If P then Q, ~P, ergo ~Q.
5) 다음은 무엇이 잘못인가 설명하시오.

If P then Q, Q, ergo P.

6) 다음은 무엇이 잘못인가 설명하시오.

(Either P or Q) ≡ (If P then ~Q)

(Either P or Q) ≡ (If Q then ~P)

7) 이전 2장에서 소개한 바 있는 다음 주장을, 주장이라면, 이장 4장에서 배운 등가의 규칙과 도출의 규칙을 모두 사용하여 나타내 보시오:

"If women are paid less than men, and sexism is not the reason, it must be that women are not as good at their jobs as men are. Women are paid less, but there is not a shred of truth to the charge that they are not as good at their jobs as men. So, there is clearly sexism at work here."

제5장
필요·충분·필요충분 조건으로서의 인과관계

1. 인과관계(Causal Relations)의 여러 가지 현상들

어떤 것이 어떤 다른 것의 원인이 된다고 주장하는 주장은 소위 인과관계를 말하는 주장 즉 인과관계의 주장이다. 이미 지금까지 연구 검토한 많은 주장들 중에서 상당수가 인과관계의 주장이었다. 너무 진부한 질문일지 모르지만 그럼 왜 우리는 이유, 근거, 원인을 알려고 하는가? 그것은 일상생활에서나 제 과학을 수행하는데 있어서도 원인을 규명하는 것이 여러 가지 의미로 유용하고 중요하기 때문이다. 그리스 철인 아리스토텔레스는 그의 형이상학*Metaphysics* 서두에서 인간은 본래로 알고 싶어하는 욕망을 갖는다고 하였다. 다음 네 가지는 우리가 현상들의 원인을 알아내고자 하는 관심의 주요 목표다.

첫째, 우리는 어떤 사건의 원인이 무엇인지 규명하고 싶어 한다. 한 사건이 발생했을 때 그 원인이 무엇인지 밝히고자 하는 욕망이 우리에게 있다. 그 단순한 호기심천국을 위한 설명이야말로 원인에 관한 탐구와 추론의 강력한 자극제가 된다. 예를 들어, 밤에 별은 왜 빛나는가, 철새는 왜 이동하는가, 연어는 왜 회귀하는가, 왜 나로호는 목표 궤도 진입에 거듭 실패했는가, 왜 지구는 더워지는가, 왜 아이티에 초강 지진이 일어났는가 등은 우리의 관심을 끄는 비근한 현상들로서 원인 규명의 대상이 된다.

둘째, 우리가 때때로 원인의 정체를 밝혀보고 싶어 하는 목적은 그것을 통해서 한편으로 어떤 바람직한 결과를 얻어내는 통제력을 확보하려는 것이며 또 한편으로는 어떤 바람직하지 못한 결과가 발생하지 않도록 하는 억제력을 확보하려는 것이다. 예를 들어, 중국 경제가 왜 지속적으로 호황인가, 전북 순창의 주민들이 왜 유독 장수하는가, 독일에서 위대한 철학자가 왜 많이 배출되는가 등은 전자의 예가 되고, 왜 미국 정부의 지원과 혜택에도 불구하고 아메리컨 인디언의 수가 점차 줄고 있는가, 왜 췌장암 환자가 근자에 급격히 늘고 있는가, 왜 어떤 가정은 가난을 대물림하는가 등은 후자의 예가 되겠다.

셋째, 다음으로 원인의 정체를 밝히려는 이유는 발생한 어떤 일에 대한 책임 소재를 우리가 분명히 할 수 있기를 바라기 때문이다. 때때로 어떤 사건이 발생했을 때 그 원인 제공자로서 누가 처벌을 받아야 하는지 아니면 누가 보상을 받아야 하는지 또는 비난을 받을 것인지 아니면 칭찬을 받을 것인지 바로 알아야 할 필요가 있다. 예를 들면, 누가 가스가 새도록 방치했는가, 누가 잔디가 망가지도록 짓이겼는가, 프랭클린의 연설이 정말로 군중을 폭도가 되도록 선동했는가, 누가 물에 빠진 그 아이의 생명을 구했는가, 누가 그 신약 개발에 아이디어를 제공했는가, 엘리자베스 테일러의 에이즈에 관한 안내 책자가 많은 인명을 구했는가 등등이다.

넷째, 끝으로, 어떤 종류의 사건이 발생하는 것을 예측할 수 있는지를 우리는 또한 알고 싶어 하며 그래서 그 사건에 원인을 제공한 것이 무엇인지 알아내려고 한다. 예를 들면, 언제 혹 다시 규모 9.0의, 또는 그 이상의, 강진과 쓰나미가 일본 열도를 강타할 것인가, 지속적으로 이와 같은 지구온난화가 계속된다면 그 결과는 어떻게 될까, K1이나 UFC 따위의 격투기 스포츠가 종내 극심한 사회 폭력성을 부추기지 않을까, 지금과 같은 사행성 외모지상주의의 종말은 어떤 것일까 등등이다. 필자는 복권 격투기 미인대회 따위에 적극 반대한다.

2. 세 가지 기본이 되는 인과관계들

1) 충분조건(Sufficient Condition)으로서의 인과관계

어떤 것이 어떤 다른 것의 원인이 된다고 주장하는 주장이 인과관계의 주장인데 자세히 살펴보면 그 인과관계에는 다음과 같은 세 가지 기본적 유형의 관계가 있음을 알 수 있다. 첫째, 충분한 조건으로서의 원인의 관계다. 소위 충분조건(充分條件)이다. 사건 P가 사건 Q에 의하여 항상 뒤따르게 되면 우리는 사건 P가 사건 Q의 원인이 된다고 말하거나 또는 사건 P가 사건 Q를 일으키는 원인이다고 말할 수 있다. 즉 사건 P가 발생할 때는 언제나 사건 Q가 발생한다고 말한다. 이는 또한 영어 문장 표현으로 "if P then Q"의 형식으로 표현할 수 있고 또 나아가 "P⊃Q"라고 표현할 수도 있다. 이때는 P는 Q가 되기 위한 충분한 조건이 된다고 보아 P는 Q의 충분조건이라고 부른다. 다시 말하면 P가 발생할 때는 언제라도 Q가 발생하는 경우라면 P는 인과적으로 Q에 충분한 것이다. 이해를 위해 도식화해보면 다음과 같다.

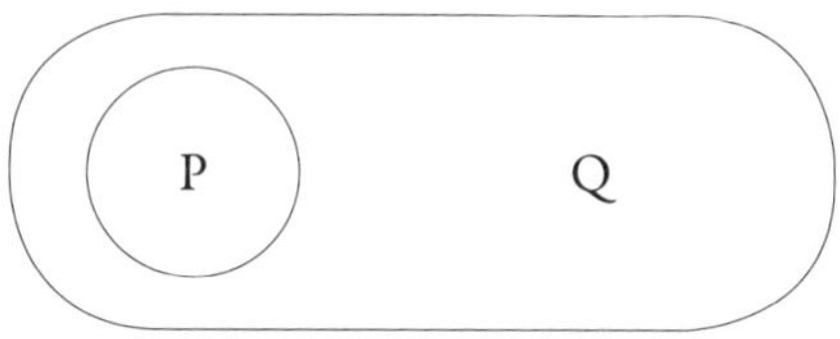

예를 들어보자. "홍길동이 서울시 시민이면 그는 대한민국 국민이다"라는 명제에서 서울시 시민이면 언제라도 부족함 없이 대한민국 국민이기 때문에, 역으로 대한민국 국민이라고 모두 서울시 시민이 되는 것은 아니지만, 시민이라는 것은 국민이라는 것의 충분조건이 된다. 또 지난 '제3장 도출적 주장의 정당함의 타당성과 비도출적 주장의 설득력의 신뢰성'에서 공부한 것처럼, '한 주장이 유효하다면 그 주장은 타당하다'와 같은 명제에서는 유효한 명제란 참 전제와 참 결론으로 이루어진 타당한 주장을 가리키므로 예외 없이 모두 다 타당해서 유효는 타당의 충분조건이 된다. 물론 타당한 주장 중에서도 유효한 주장이 되지 못하는 경우는 거짓 가정과 참 결론이나 거짓 가정과 거짓 결론으로 조합 구성된 명제들로 얼마든지 만들 수 있다는 것이 이제는 별 어려움 없이 기억할 것이다. 또 '엔진에 냉각수가 마를 때는 언제라도 엔진이 과열할 것이다'는 명제에서는 냉각수의 결핍이 엔진 과열의 충분조건이 될 것임을 알 수 있다. 또한 '그 파산 당시 빌립보가 테레사를 도왔더라면 그녀가 그렇게 쓸쓸히 생을 마감하지는 않았을 것이다.'는 명제라면 빌립보가 테레사를 돕는 것이 테레사 생존에 충분조건이 될 수 있었음을 알 수 있다.

2) 필요조건(Necessary Condition)으로서의 인과관계

필요한 조건으로서의 원인의 관계다. 소위 필요조건(必要條件)이다. 이 경우는 앞의 충분조건과는 상황이 다르다. 경우 P가 발생한다고 항상 경우 Q가 발생하는 것이 아니라 경우 Q가 발생할 수도 있고 발생하지 않을 수도 있는 상황이다. 그렇지만 경우 Q가 발생하려면 경우 P가 반드시 주어져야 하는, 그래서 달리 말하면 경우 Q가 발생했다면 이미 경우 P는 필히 주어지는 경우라고 생각하면 된다. 즉 그래서 P는 Q의 필요조건이다. 다시 말하면 P가 없으면 Q가 발생하지 않는다면 P는 인과적으로 Q에 필요한 것이다. 이는 또한 영어 문장 표현으로 'if Q then P' 형식으로 표현할 수 있고 또 나아가 'Q⊃P'라고 표현할 수도 있다. 이때는 P는 Q가 되기 위한 필요조건이 된다고 말한다. 그러므로 기본 필요를 구성하지 못하면 이루어지지 못하는 것이어서 'if ~P then ~Q'라고 표현해도 된다. 물론 등가의 규칙 중 전위 또는 환위의 규칙을 적용해도 여전히 'if Q then P'는 'if~P then ~Q'와 등가하다고 할 수 있다. 기억하는가: (Q⊃P)≡(~P⊃~Q). 이해를 위해 도식화하면 다음과 같다.

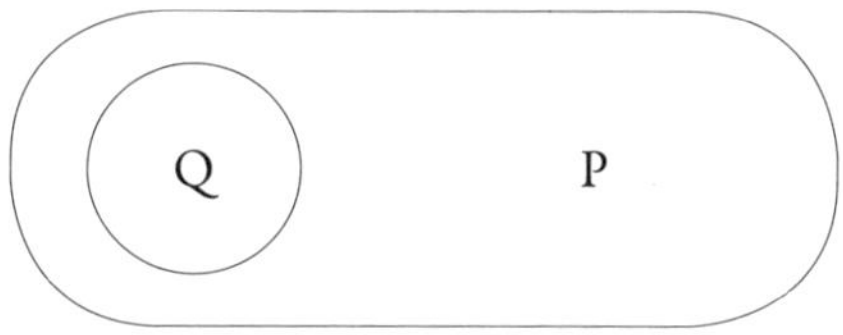

예를 들어보자. 위의 충분조건의 예에서 역으로 거슬러가면 필요조건의 좋은 예가 될 수 있다. 말하자면 대한민국 국민은 서울시 시민의 필요조건일 수 있으며, 타당한 주장은 유효한 주장의 필요조건일 수 있으며, 또 엔진 과열은 냉각수 결핍의 필요조건이 될 수 있음은 더 말할 필요가 없을 것이다. 또 "어제 대학병원 6병동에 있었던 사람들은 다 바이러스에 감염되었다"는 명제의 경우라면 바이러스에 감염된 사람이 모두 6병동에만 있는 것은 아니어서 바이러스 감염 사실은 6병동에 있기 위한 역시 필요조건이지 충분조건은 아니다. 물론 6병동에 있는 것이 감염에 충분한 조건은 될 것은 더 말 할 필요가 없을 것이다.

3) 필요충분조건(Sufficient and Necessary Condition)으로서의 인과관계

이는 필요하고도 충분한 조건으로서의 원인의 관계다. 소위 필요충분조건(必要充分條件)이다. 이 경우는 앞의 충분조건의 상황과 필요조건의 상황이 동시에 발생하는 경우로 볼 수 있다. 즉 사건 P가 사건 Q의 필요한 "그리고" 충분한 조건이면, P가 발생하면 Q가 반드시 발생하고 "그리고" 동시에 Q가 발생하면 P가 반드시 발생하는 것이 되고, 또는 P가 발생하면 Q가 반드시 발생하고 "그리고" P가 발생하지 않으면 Q가 반드시 발생하지 않는 것이 된다. 즉 영어 문장 표현으로는 'if P then Q, and if Q then P' 또는 'if P then Q, and if ~P then ~Q'이다.

여기에서도 마찬가지로 'if P then Q, and if Q then P'가 'if P then Q, and if ~P then ~Q'가 논리적으로 같은 표현이 되는 것은 전위 또는 환위의 규칙을 적용해 보아도 분명해진다. 또 나아가 '(P⊃Q)∧(Q⊃P)' 또는 '(P⊃Q)∧(~P⊃~Q)'처럼 표현될 수도 있을 것이다. 결국 또 더 나아가서 논리적으로 값이 같다는 논리적 등가의 기호를 쓰자면 양자 공히 P≡Q가 될 것이다. 또는 특별히 필요충분조건에 사용하는 일종의 기호 iff를 써서 'P iff Q'라고도 한다. 그것은 'P if and only if Q'의 줄임말인데 그 의미는 좀 들여다보면 사실 일목요연하다. 'P if and only if Q'는 P와 Q 사이에 관계가 두 가지 있다는 것이다. 즉 하나는 'P if Q'이고 그리고 다른 하나는 'P only if Q'이다. 전자 'P if Q'는 곧 Q⊃P 인 것은 의심의 여지가 없다. 후자 'P only if Q'는 좀 혼란스러울 수 있는데 결국은 P⊃Q이다. 왜냐면 'P if Q'는 'Q이면 P이다'이지만 'P only if Q'는 '단지 Q여야만이, 오직 Q여야만, 즉 Q인 경우만, P이다'이다. Q가 모두 이미 P가 아니라 Q만이 이제 P가 될 수 있다는 말이다. 즉 Q가 아니고서는 P가 될 수 없는 말하자면 Q는 P가 되기 위한 최소의 기본 필수라는 것이다. 즉 Q는 P의 필요조건이라는 말이다. 이제 종합적으로 몇몇 표현에 관하여 부연 설명하면, 이제는 'P if Q'는 'Q⊃P'이며, 'P only if Q'는 'P⊃Q'라고 기억하면 되겠다. 또 일상 영어표현의 의미를 좇아서 'P provided that Q'는 provided that 이 if의 의미이므로 역시 'Q⊃P'이고 'P unless Q'는 unless 가 if not의 의미이므로 '~Q⊃P'가 된다. 필요충분조건을 즉 P≡Q를 이해를 위해 도식화 하면 다음과 같다.

예를 들어보자. "비타민의 생성은 오직 대구의 간 기름과 전자 빛에 의해서만이 가능하며 그 외에는 어떤 다른 방식이 가능하지 않다"라는 필요충분 관계에 있는 명제를 생각해 보기로 하자. 우선 대구의 간 기름과 전자 빛은 비타민을 만들기 위해서는 필수불가결하다. 필요조건이다. 필수조건이다. 그리고 동시에 이 두 요소는 언제라도 합동하여 족히 비타민을 생산할 수 있다. 충분조건이다. 충족조건이다. 그러므로 우리는 비타민을 통해서 대구 간 기름과 전자 빛의 합성을 이해하며, 또한 대구 간 기름과 전자 빛의 합성을 통해서 비타민을 파악하게 된다.

다시 종합하여 정리하면, 기본이 되는 인과관계는 세 가지가 있다. 충분조건으로서의 원인과, 필요조건으로서의 원인과, 그리고 필요충분조건으로서의 원인이다. 도식으로는 순서대로 A가 B의 충분조건 A⊃B, A가 B의 필요조건 B⊃A, 그리고 A와 B가 상호 필요충분조건 A≡B가 된다. 특히 필요충분조건은 A iff B라고도 하며 A if and only if B의 의미다. 그 의미상으로는, 이미 시사하였던 바와 같이, A와 B가 상호조건적이라고, the biconditional of A and B 라고, 받아들여도 좋을 것이다. 그리고 끝으로 다이어그램을 활용하면 A와 B가 겹쳐 일체, 하나, 등가가 되는 것이다.

3. 인과관계를 밝혀주는 밀의 다섯 가지 방법론

다음으로는 인과관계를 파악하고 확보하는 방법론을 검토해 보자. 19세기 영국의 정치철학자 존 스튜어트 밀(John Stuart Mill)은 그의 논리체계(*A System of Logic*)에서 이 방법론을 제창한 것으로도 명성이 높다. 밀은 자신의 동시대의 제 과학자들이 인과법칙의 기초를 제공하는 데 미흡하다고 판단하고 그 표준형을 만들어 내기로 결심하였다. 그는 인과법칙의 주장은 주도면밀한 관찰과 실험에 근거해야 한다고 믿고 다음과 같은 다섯 가지 방법을 제시하였다. 이 다섯 가지는 지금도 여전히 일반적으로 유효하다.

1) 밀의 일치의 직접적 방법(Mill's direct method of agreement)

예를 들어 조건 P, Q, R, S로 이루어진 경우 a에서 사건이 발생했는데 조건 T, U, V, S로 이루어진 경우 b에서도 사건이 발생한다고 가정해보자. 그렇다면 경우 a와 경우 b에서 공통으로 일치하여 갖는 요소는 S임이 자명하며 그 S는 그 사건 발생의 원인이어야 하거나 원인일 수 있는 것이다. 조건 사이의 일치와 공통을 관찰함으로써 얻어낼 수 있는 방법론이다.

도식화하면,

P Q R S occur together with w x y z

T U V S occur together with w t u v

S must be/may be/probably is the cause of w.

예를 들어, 영삼이, 대중이, 종필이 셋이서 중식당에서 상어지느러미 요리를 함께 나누어먹고, 후식으로는 각각 달리 영삼은 딸기시럽을, 대중은 애플파이를, 종필은 아이스크림을 먹었다고 하자. 식후에 세 사람 모두 두통과 오한으로 시달렸다면 무엇이 문제였겠는가? 일치의 방법론은 그들 모두에게 공통적 요소는 오직 상어지느러미 요리이기 때문에 상어지느러미 요리가 원인이 되었다는 것을, 두통과 오한의 원인이 될 수 있다는 것을, 직접적으로 확인시켜주고 있는 것이 된다.

2) 밀의 차이의 방법(Mill's method of difference)

예를 들어 조건 P, Q, R, S로 이루어진 경우 a에서 사건이 발생했는데 조건 P, Q, R로 이루어진 경우 b에서는 사건이 발생하지 않았다고 가정해보자. 그렇다면 경우 a와 경우 b에서 유일한 차이점은 조건 S임은 자명하며 그 S는 그 사건 발생의 원인이어야 하거나 원인일 수 있다는 것이다. 조건 사이의 차이와 다름을 관찰함으로써 얻어낼 수 있는 방법론이다.

도식화하면,

P Q R S occur together with w x y z

P Q R occur together with x y z

S must be/may be/probably is the cause of w.

예를 들어, 변비 발생의 원인 규명을 연구하는 과정을 가정해보자. 김강사는 변비가 발생하였고, T교수에게서는 변비가 발생하지 않았다. 그들이 처한 상황은 음식을 비롯해서 모든 것이 같으나 다른 점이라고는 오직 하나 곧 김강사는 덤으로 매일 식후 디저트로 홍시(紅柿)를 먹었다는 것이다. 그렇다면 홍시가 변비의 원인임에 틀림이 없으리라고 보는 것이다.

3) 밀의 일치와 차이의 합동 방법론(Mill's joint method of agreement and difference)

예를 들어 조건 P, Q, S로 이루어진 경우 a에서 사건이 발생했고 조건 P, T, U로 이루어진 경우 b에서도 사건이 발생했는데 조건 R, V, S로 이루어진 경우 c에서는 사건이 발생 안했다고 가정해 보자. 그렇다면 경우 a와 경우 b에서만 사건이 발생했는데 두 경우가 갖는 공통 요소는 P이므로 P가 원인이어야 한다. 그런데 경우 a와 경우 c는 서로 공통으로 요소 S를 가지고 있지만 경우 c에서는 사건이 발생하지 않았으므로 S는 발생 요인이 될 수 없다. 그러므로 경우 a와 경우 b에서 공유하는 요소, 그러면서도 경우 c에서는 공유하지 못하는 요소로서의 사건 발생 원인 P가 확보된 것이다. 조건 사이의 일치와 차이를 모두 관찰함으로써 얻어내는 합동적 방법론이다.

도식화하면,

P Q S occur together with x y z

P T U occur together with x v w

R V S does not occur together with y z

P is the cause of the x.

예를 들어, 어느 연회 정찬 중에 현기증 구토 등의 식중독 징후를 드러낸 모든 사람들이 홍어(紅魚)를 먹었고 (일치의 방법론) 그리고 식중독 징후를 드러내지 않은 다른 사람들은 홍어를 먹지 않았다면 (차이의 방법론), 홍어가 식중독의 원인이라고 이중적으로 확인할 수 있다. 일치와 차이의 합동 방법론이다.

4) 밀의 동반 변화의 방법론(Mill's method of concomitant variation)

소위 공변법(共變法)이라고 불린다. 예를 들어 조건 P, Q, R로 이루어진 경우에서 P의 조건이 증가하면 즉 P+가 되면 사건 E가 증가하여 E+가 되고, 동시에 마찬가지 조건 P, Q, R에서 P의 조건이 감축되면 즉 P-가 되면 사건 E가 감소되어 E-가 되었다면 P가 E의 원인의 될 수 있음을 시사하고 있다. 즉 P는 E의 동반 변화의 원인이 될 수 있다.

도식화하면,

P Q R occur together with x y z

P+Q R results in x+y z and P−Q R results in x−y z

P and x are causally connected.

예를 들어, 도덕적 보상(moral redemption)과 역차별(reverse

discrimination)의 양면성을 가지고 있는 적극적 고용정책(affirmative action policy)이 생산성을 저하시키는 것으로 판명되었다. 만일 생산성의 저하의 정도가 역차별의 정도와 나란히 나아간다면 생산성의 저하는 역차별 탓이라고 말할 수 있을 것이다.

5) 밀의 나머지의 방법론(Mill's method of residues)

소위 잉여법(剩餘法)이라고 불린다. 예를 들어 조건 P, Q, R로 구성되어 있는 경우에 사건 E, F, G가 발생한다고 가정해 보자. 그런데 Q가 F의 원인인 것으로 밝혀지고 R이 G의 원인으로 밝혀졌다면 나머지 P는 나머지 E의 원인이 될 수 있다는 것이다. 즉 P는 E의 나머지의 원인이다.

도식화하면,

P Q R occurs together with x y z

Q is known to be the cause of y

R is known to be the cause of z

P is the cause of x.

예를 들면, 19세기 러시아는 물가상승과 빈부격차와 부정부패로 결국 경기침체를 낳고 사회 양극화를 낳았으며 극단적 혁명세력을 가능하게 하였다. 물가상승이 경기침체의 주범이었고 빈부 격차가 사회 양극화의 주범이었다면 부정부패가 극단적 혁명세력을 태동시키는 주 원인이었을 것이다.

4. 더 생각할 문제

사건이 인과적으로 연관됨을 생각할 때는, 그리고 그 원인과 결과를 성찰하려 할 때는, 과연 밀(Mill)의 위 안목은 날카롭다. 왜 공룡이 멸종하게 되었는가, 만일 1884년의 갑신정변(甲申政變)이 성공했더라면 구한말 조선의 운명은 어떻게 되었을까, 지구 온난화의 원인은 무엇이고 향후 어떤 결과를 초래하게 될까, 인종차별주의의 끝은 어디인가, 천안함과 연평도 사태의 후폭풍을 왜 많은 사람들이 심각하게 두려워하는 것일까 등의 질문을 우리가 진지하게 묻는다면 우리는 바로 인과적 주장에 몰두하고 있는 것이다. 그러나, 우리를 한층 곤혹스럽게 하는 것은, 어느 경우라도 한 가지 또는 두 가지 원인이나 결과가 딱부러지게 답으로서 주어지는 경우는 쉬 없을 것이니, 전략적으로 밀의 경우에서처럼, 일치나 차이나 동반이나 나머지 개념들이 아주 효과적으로 사용되어야 하는 것임에 틀림이 없다.

예를 들면, 1950년의 6·25 한국전쟁을 생각해보자. 우리는 그 전쟁의 원인으로 금방 미소(美蘇)를 주축으로 하는 세계 냉전 이데올로기를 끄집어낼 것이다. 물론 냉전 이데올로기가 전쟁의 중요한 요인이었다는 것은 누구도 부인하려들지 않을 것이다. 그러나 이 전쟁이 발발하기 전에 드러나고 있었던 이미 몇 가지 다른 현상들도 눈여겨 볼 필요가 있다. 말하자면, 남북의 정치 세력들이 각각의 통치 철학의 정당성을 굳건히 하기 위해서 나름대로 다급해 있었다든지, 분단의 현실을 무시한 감상적 민족적 단일주의 또는 독립주의가 너무 팽배해 있었다든지, 수십 년의 식민통치를 겪으면서 피폐해진 국가사회의 경제력 탓으로 민중들의 불평불만이 극도로 심각해지고 있었다든지 하는 따위도 전쟁 발발의 원인으로 규명해내기에 부족함이 없으리라고 본다. 어떻게 무엇을 근거로 냉전 이데올로기가 한국전쟁의 원인이고 더불어 언급한 다양한 것들은 아니라고 증명할 수 있는가. 이렇게 되면, 산소의 존재가 한국전쟁의 원인이라고까지는 말 안한다 하더라도, 거의 증명할 수 없다는 것이 되려 답이 되고 만다. 실제로, 다른 여타의 주장에서처럼, 인과관계의 주장에서도 흔들릴 수 없는 정확한 답을 기대하기는 현실적으로 매우 어려워 보인다.

5. 토론할 주제들

1) 인과관계의 여러 현상들을 규명하는 것이 왜 언제 어떻게 중요한가 구체적으로 예를 들어가면서 토론해 보자.
2) 필요충분조건의 구체적 예를 들어가면서 다음 세 가지 P≡Q, PiffQ, the biconditional of P and Q를 비교 설명하시오.
3) 밀(Mill)이 위에서 말하는 다섯 가지 인과관계에 관한 법칙에 대해서 각각 구체적으로 적절한 예를 들어 설명해 보시오.

법칙을 더 제시할 수 있는지도 검토해보시오.

4) 밀(Mill)의 방법론을 설명하면서, 예를 들어서 차이의 방법론을 말할 때, 사건 발생의 차이로서의 조건 S가 발생하는 사건 w의 필요조건이나 충분조건이 된다고 단정할 수는 없지 않겠는가. 그 조건 S가 어떤 인과적인 역할을 하는가는 더 연구할 필요가 있지 않을까. 조건 S가 의미하는 바를 좀 더 검토해보자.

제6장
유추 : 유사와 모형에 의한 주장

1. 사실의 유추 · 가치의 유추

두 별종의 사건이나 두 다른 주제로부터 어떤 유추(類推) 즉 유사성의 해석을 끌어내는 것은 그들 사이에서 관찰된 닮음과 유사와 상사를 밝혀내는 것이다. 그래서 관찰 확인된 한 관점에서 유사한 내용이 또 다른 관찰 확인되지 않는 관점에서도 유사하다고 한다면 우리는 여기서 소위 유사적(類似的) 또는 상사적(相似的) 주장을 구사하는 것이 된다. 그러니까 끼리끼리 닮았다는 것이, 또는 서로 닮았다는 것이, 유사주장에서는 결론을 위한 이유와 근거와 전제와 증거로 제시되는 것이다. 유사주장에서는 도출적 주장에서처럼 가정이 결론을 결정적으로 보장하는 것이 아니라 유사를 통해서 가정이 결론의 발생 가능성을 한껏 높이는 것을 목표하고 있을 뿐이다. 그러므로 유사에 의한 주장들은 넓은 의미의 비도출적 주장들이다. 말하자면 성격상 도출적 해석은 어렵다는 말이다. 즉 유사적 주장은 도출적으로 타당한 것이 아님을 기억하여야 한다. 결론이 참이 아니고서도 가정이 참일 수 있는 것이다. 그래서 유사적 주장은 한 특별한 형식의 귀납적 주장이다. 그러나 좋은 유사적 주장은 우리에게 결론을 믿을 강력한 이유를 제공하고 있다고 통상 우리는 믿는 것이다. 또 유사주장의 특별 형식으로 유사성을 기반으로 제 과학에서 쓰이는 과학적 모델(scientific model)도 연구 대상이다.

지금까지 설명한 유추를 알기 쉽게 도식화 해본다면 일반적으로 다음과 같다.

> 사건 A와 사건 B는 공통으로 특징 1, 2, 3을 가지고 있다는 점에서 유사하다.
> 사건 A는 n이라는 특징을 또한 추가적으로 가지고 있다.
> ―――――――――――――――――――――――――――――
> 사건 B도 n이라는 특징을 갖는다.

그런데 이와 같은 유사적 주장은 다음과 같이 크게 두 가지로 나뉜다. 하나는 사실적 유사적 주장이며 다른 하나는 도덕적 유사적 주장이다. 전자 사실적 유사적 주장은 경험적 사실의 유사에 관심하고 또 그것을 활용하며, 후자 도덕적 유사적 주장은 도덕적 가치의 유사에 관심하고 또 그것을 활용한다. 즉 사실적 유사적 주장은 사실 현상을 다루며 도덕적 유사적 주장은 정당함과 당위성을 다루게 된다. 그러므로 사실적 유사적 주장에서는 결론이 "다분히 그럴 것이다" 또는 "그럴 가능성이 크다"로 표현된다면, 도덕적 유사적 주장은 "마땅히 그럴 수 있다(may)" 또는 "꼭 그래야 한다(ought to)"로 표현될 가능성이 크다. 때로는 ought to보다는 may의 해석도 가능하다고 하지만 may 역시 그럴 수 있지만 응당 그래야만 하지 않겠느냐는 의미가 강하기 때문에 결국 당연히 그럴 수 있어야 한다는 의미로 귀착된다고 보았을 때 역시 도덕적 유사적 주장은 사실의 be에 맞서서 당위의 ought to, should, must의 의미로 받아들이는 것이 더욱 합당하다. 그러므로 도덕적 유사적 주장이라면 일반적으로 다음 도식으로 해석된다.

> 사건 A와 사건 B는 공통으로 특징 1, 2, 3을 가지고 있다는 점에서 유사하다.
> 사건 A는 n이라는 특징을 더 추가적으로 가지고 있다.
>
> ---
>
> 사건 B도 n이라는 특징을 가져야 한다.

2. 사실적 유사적 주장

종합하여 도식화하면 사실적 유사적 주장(factual analogical arguments)은 다음과 같은 형식을 갖춘다:

> P has properties A, B, C.
> Q has properties A, B, C.

P also has an additional property D.

Q has the property D.

다음은 한 세기 전의 한반도 조선이 처한 지정학적인 위기 상황과 지금 대한민국을 위시한 한반도의 위기 국면의 현실적 사실적 유사성을 통해서 과거의 망국적 상황을 벗어나야 한다고 아무개가 주장하고 있다:

> 북한을 포함한 한반도 대한국의 운명은 100여 년 전의 상황과 크게 다르지 않다. 구한말 조선인은 일본과 청나라와 러시아와 서양제국주의 열강의 서세동점으로부터 정신적으로 물질적으로 시달리고 있었다. 문호개방의 압력에서부터 경제 착취, 내정간섭, 사회불안에 이르기까지 국가안전이 크게 위협받고 있었던 것이다. 종내에는 오백십구 년 사직의 망국에 이르지 않았던가. 지금은 어떤가. 일본은 그 때보다 더 강대국이 되어 경제적으로 한국에 절대적으로 영향을 끼치고 있으며 또 독도가 자기 영토라고 주장하고 있다. 중국도 이제는 초강대국이 되어 경제 외교 등에서 한반도에 큰 영향을 미치고 있으며 게다가 과거 부여, 고구려, 발해의 역사가 자기 변방의 역사라고 강변하는 견강부회를 서슴지 않으며 우리를 수시로 여러 가지로 성마르게 자극하고 있다. 미국의 정치, 군사, 경제, 사회에 끼치는 다양하고 광범한 영향력은 말로 다 표현할 수 없다. 러시아도 소위 한반도 6자회담국의 일원으로서 자국의 이익을 위해서 나름의 역할을 하려고 호

시탐탐 기회를 노리고 있다고 해도 과언이 아니다. 더구나 남과 북이 다같이 분단을 극복하고 통일을 지향한다면 건널 강과 넘을 산이 부지기수다. 지금 우리가 현상의 본질을 보다 적확히 파악하고 효과적으로 대처하지 않는다면 또 다시 한세기 전과 같은 한반도 치욕의 역사가 반복되지 않는다는 보장을 누가 할 수 있겠는가.

다음은 라틴족의 구교에 대한 종교적 헌신과 북구사람들의 신교에의 종교적 헌신의 차이가 구교국에서의 비신앙과 신교도들 중에서의 비신앙과의 차이와 비교 유사점을 가지고 있다는 주장을 펼치고 있는 경우다:

It seems that the Latin races are far more deeply attached to their Catholicism than we Northerners are to [Protestant] Christianity generally, and that consequently unbelief in Catholic countries means something quite different from what it does among Protestants.

그리고 다음은 Jack과 Jill이 다 같이 물고기와 포유류에 대한 이해가 없다는 유사성을 바탕으로 그들은 돌핀을 포유류로 파악하지 못하리라는 결론을 도출하고 있다:

Jack and Jill believe that all creatures living in the sea are fish.
Both of them never examined mammalian behaviors before.
Anyone else who is not aware of observing mammalian

behaviors do not understand cavorting dolphins in the sea.

Just as Jack does not regard dolphins as mammals, so Jill does not.

또 다음 예는 나와 다른 사람의 경험의 정신의 유사성을 바탕으로 하는 주장이다. 본래로 존 스튜어트 밀(John Stuart Mill)의 타인의 정신의 문제에 관한 주장인데 여기서는 먼슨(Munson)과 콘웨이(Conway)의 책에서 다시 인용한다.

Other people have the same sensory equipment as I have – eye, nose, ears, and so on.
The physiological mode of operation of this equipment seems the same for other people as for me.
When I accidentally cut myself or drop a heavy weight on my foot, I feel pain.
In my own case, such circumstances are usually accompanied by such behavior as jumping around, contorting my face, cursing,
and so on.

Anyone else who cuts himself or drops a heavy weight on his foot and exhibits the same sort of behavior as I do is also feeling pain.

3. 도덕적 유사적 주장

도덕적 유사적 주장(moral analogical arguments)을 종합하여 간략히 도식화하면 대체로 다음과 같은 세 가지 형식을 갖춘다:

P and Q both have properties X, Y Z.

Q receives treatment W.

P should also receive treatment W.

또는

P and Q both have properties X, Y, Z.

P received treatment W.

Q did not receive treatment W.

Q ought also to receive treatment W.

또는

P and Q both have features X, Y, Z.

If P receives treatment W, then Q should receive it too.

다음은 파트타임과 풀타임의 임금차별이 노동시간의 양에 근거하는 것을 바탕으로 이루어진 것이어서 비수기가 아닌 성수기에는 다같이 양쪽의 노동 시간량에 차이가 없다는 이유로 차별의 정당성이 없다는 주장을 펼치고 있다. 그러므로 성수기에는, 유사를 바탕으로, 파트타임 노동자도 풀타임 노동자와 같은 임금에 관한 처우를 받아야 한다는 윤리적 정당성을 주장하고 있다:

> 외국인 학생들이 대학 내에서 파트타임으로 일하기 때문에 이 경우 대학당국은 임금지불에 있어서 풀타임으로 일하는 사람들에게 지불해야 하는 법이 명령하는 최저임금지불이라는 의무에 묶이지 않는다. 그러나 학기 초나 학기 말에는 파트타임으로 일하는 학생들도 일이 너무 많이 밀려서 풀타임으로 간주하는 주당 40시간 이상 일하는 수가 빈번하기 때문에 최소한 이 기간은 파트타임 근무자 학생도 법이 정한 최저임금제에 준하여 급료를 지급받아야 하는 것이 정당하다.

다음은 교회의 군주인 예수에 교회가 복종하는 것과 마찬가지로, 요즘 사회 분위기와 맞아 떨어지는 것 같지는 않지만, 아내의 군주인 남편에게 아내는 절대 복종해야 한다는 도덕적 명령을 주장하고 있다:

> Wives, be subject to your husbands as to the Lord, for the husband is head of the wife as Christ also is the head of the church; as the church is subject to Christ, so wives are to be subject to their

husbands in every respect.

다음은 소위 적극적 고용정책(affirmative action policy)에 관한 주장인데, 주제의 성격상 여전히 논란적일 수 있으나, 눈여겨 볼만하다. 과거의 손실에 대한 벌충함이 있어야 바르다는 도덕적 변제(moral redemption)를 바탕으로 하고 있다:

백인학생과 흑인학생 중에는 다 같이 우수한 학생들이 많이 있었다.
백인학생들은 대체로 다들 라이스대학에 합격하였다.
흑인학생들은 상당수가 인종차별의 희생양으로 라이스대학에
들어가는 기회를 놓쳤다.

흑인학생들은 과거 불이익에 대한 보상으로서 이제 특별하게 늘려서
합격의 기회를 얻어야 한다.

다음의 경우는 한 행위의 도덕적 정당성이 의심받는 상황이 그 행위의 도덕적 정당성이 인정되는 또 다른 상황과 유사하다면 그 행위는 의심받는 상황에서도 정당성이 인정되어야 한다는 주장이다:

살인행위는 일반적으로 잘못 없는 사람에 저지르는 경우에는 부당하다.
살인행위는, 그러나, 생명이 위협받는 강도를 향해서 저지르는 경우라면 정당방위라는 차원에서 정당하다.
전쟁에 참여하여 적군을 살해하는 것과 강도를 살해하는 것은

정당방위라는 차원에서 공통점을 가지고 있다.

전쟁에 참여하여 적군을 살해하는 것은 정당방위라는 차원에서 정당하다.

한 가지 여기서 기억해야 할 것은, 앞서 생략주장법(enthymemes)에서 지적한 바 있었는데, 도덕적 유사적 주장을 설명함에 있어서 사실적 유사적 주장과 비교하여 다른 한 특징에 주목할 필요가 있다는 것인데 그것은 가정의 한 명제가 언급되지 않고 내포적으로 쓰이고 있다는 사실이다. 말하자면 유사한 경우나 상황은 필경 유사한 방식이나 처우로 다루어져야 한다는 일종의 정의 공정 평등의 형식 추상 보편의 원리가 전제에서 생략되어 있다는 말이다. 형식적 추상적 보편적 원리 즉 formal principle은 즉 정의와 공정과 공평의 원리다.

예를 들면 인종과 재산과 성별과 지연·학연·혈연 등과 관련없이 유사한 사건은 유사한 방식으로 다뤄져야 한다는 등의 원리다. 그래서 형식의 원리는 구체적으로 어떤 두 경우를 닮게 만드는 것이 무엇이냐라든지, 또 구체적으로 그들은 어떻게 다루어져야 하는 것이냐라든지, 또 나아가 어떤 지향점을 향하고 있는가 따위는 관심 밖이다.

한편 그 밖의 원리는 말하자면 실제적 물리적 구체적 원리 즉 material principle이 된다. 그러므로 앞의 밀(J.S. Mill)의 유사주장의 경우의 "누구나 실수로 몸을 베거나 무거운 물체를 발등에 떨어트

릴 때는 통증을 느낀다."는 경험의 구체적 명제나, "임신자의 재생산권은 임신자 자신에게 있다."고 주장하는 낙태허용론자의 특별한 언명이나, "범죄의 예방과 억제의 효과를 무시한 사형제는 보복 살인행위다."는 사형제 반대론자의 특수한 문장 등은 모두 물질적 원리가 된다. 그러므로 도덕적 유사적 주장에서 가정과 전제로서 생략된 명제는 바로 형식적 원리를 표방하는 보편적 명제다.

또, 위의 예에서, 노동자 임금의 경우는 외국인 파트타임 노동자거나 일반 자국민 풀타임 노동자거나 한시적으로는 조건이 같다면 같은 방식으로 처우되어야 한다는 정의에 관한 형식의 원리가 숨겨져 있는 것이며, (지금 우리가 일반적 정서로 받아들일 수 있느냐 없느냐는 차치하고) 성서의 경우는 아랫사람은 윗사람 주인을 섬기는 것이 바르다는 형식 원리가 숨겨져 있으며, 흑인학생 입학의 경우는 인종차별은 인정될 수 없다는 정의감이 전제되어 있으며, 살인행위라 해도 정당한 자기방어는 정당화 되어야 한다는 정의에 관한 형식의 원리가 내포되어 있는 것이다. 즉 도덕적 유사적 주장은 유사한 경우는 유사한 방식으로 대우하는 것이 정당하다는(similar cases should be treated in similar ways) 정의를 향한 형식의 원리가 항상 전제되어 생략되어 있다고 보는 것이 옳다. 그런 의미에서 도덕적 유사적 주장은 사실적 유사적 주장과는 달리 정의와 공정과 공평을 말하는 가정의 문장이 생략되어 있다고 보아 가히 생략주장법 즉 한 특별한 유형의 enthymemes라고 부를 수 있다.

그러므로, 이렇게 보았을 때, 사실적 유사적 주장과 도덕적 유사적 주장이란 별 특별한 구분적인 것이 못된다. 모두 광의의 유추

(類推)일 뿐 그 이상도 그 이하도 아니다. 말하자면 차이라면 사실적 유사적 주장은 그 내용이 사실적 경험적인 것이요, 도덕적 유사적 주장은 도덕적 가치적인 내용이다. 그 해석상 전자 사실적 유사적 주장은 사실적 비교 주장에 그칠 수밖에 없으나 후자 도덕적 유사적 주장은 당위적 비교 주장으로 나아간다. 그래서 그 당위의 원리를 항상 당연시 하고 전제하고 나아가 생략함으로써 일종의 생략주장법이 된다는 것이다.

4. 유추 성공의 관건

일반적으로 유사적 주장은 사실적 유사주장이거나 도덕적 유사주장이거나 설득력 있는 결론을 도출함에 있어서 유사성(parallelism)이 성공의 관건이라는 것을 잘 알 수 있다. 그 주장의 힘은 다분히 가정에서 언급된 유사함과 결론에서 언급되는 유사함의 상호 밀접한 관련성에 달려 있다. 유사가 결론을 위한 기초이자 증거로 제시되어 곧 주장의 관건인 셈이다. 가정에서의 유사함이 결론의 유사함의 발생 가능성을 높여주면 높여 줄수록 그 유사성의 관련성은 증대되는 것이며 동시에 그 유사적 주장은 성공적이라고 말할 수 있다.

그러므로 유사성과 관련하여 언급되는 유사의 수나 양이나 크기나 다양성이 증대될수록 실질적으로 주장의 설득력에 무게를 실어주는 것을 알 수 있다. 즉 그것이 유사주장이 성공으로 가는 지름 길이 되는 것이다. 그런가하면 반대로 이런 유사의 강한 상관성을 확보하지 못한 유사주장은 실패한 주장이다. 말하자면 주장에 닮음보다는 닮지 않음이 심각하게 존재하여 매우 취약한 주장이 되는 것이다. 존 스튜어트 밀(J.S. Mill)은 이를 가리켜 특별히 거짓 유추의 오류(the fallacy of false analogy)라고 불렀다. 그러므로 유사주장이 성공하기 위해서는 지원 정보가 정당성을 가지고 일반화되었는지, 비교 대상물 사이에 다량의 유사는 확보되었는지, 또 비교 대상물 사이에 중대한 비(非) 유사가 발생하지는 않는지 심사숙고 검토할 일이다.

그러나 유감스럽게도 어느 두 사건에서 서로 닮음의 정도가 결론을 정당화하기에 충분한 것인지를 결정할 더욱 가시적인 기계적인 절차와 방법론이 또한 우리에게 주어져 있는 것은 물론 아니다. 결론이 수용할 만한 것인가를 판정하기 위해서는 결국 상관적 사실들을 확보하고 저울질하는 작업이 간단없이 필요한데 어차피 결정은 우리의 판단의 문제요 몫일 수밖에 없다.

5. 과학적 모형에 관하여

제반 자연과학이나 사회과학에서 쓰이는 특별한 종류의 유사에 모형(models)이 있다. 모형은 아직 낯설고 잘 이해되지 않은 체계를 대변하기 위해서 이미 익숙하고 널리 알려진 체계를 활용하는 것인데 크게 형식적 또는 지능적 모형과 물리적 또는 실제적 모형이 있다.

지능적 또는 형식적 모형(formal models)은 한 체계에 속하는 일련의 개념들과 원리들인데 다른 체계의 이해를 개발 발전시키기 위해서 쓰인다. 그리고 그 모형 안에서 일군의 개념들과 원리들이 모두 참이기만 하면 그들은 일관적인 것이고 그렇지 못하면 비일관적인 것이 된다. 과학탐구의 목표가 자연세계의 바른 이해와 또 그 세계의 통제라고 보았을 때 그리고 자연계의 어느 일부분도 쉽게 파악되거나 우리가 원하는대로 통제되지 않는 것이어서 모형과 같은 일종의 추상적 이론화를 원용하는 것은 바람직할 것이다.

이론화는 우리가 파악하고자 하는 세계를 그와 유사한 그러나 더 간단한 구조의 소위 모형으로 대체되는 것으로 구성된다. 예를 들어, 갈릴레이 갈릴레오는 경사판 아래로 대리석을 굴러내림으로써 자유낙하 물체를 모형화하였고, 찰스 다윈은 인공적 선택을 하는 데서 동물 번식자의 행위에 관한 그의 자연 선택론 또는 도태론을 모형화하였으며, 또 지그문트 프로이드의 심리정신역학 이론은 수압을 모형화하였다.

한편 물리적 또는 실제적 모형(material models)에서는, 모형화되는 체계에 주효하게 쓰이는 모형의 추상적 속성들만 궁구했던 형식적 모형과는 다르게, 구체적으로 한 물리적 체계가 다른 물리적 체계의 부분을 대변하기 위해서 취하여 진다. 서로 두 체계가 공유하는 특징이 충분하여서 모형의 체계에 관해서 밝혀진 바가 모형화하려는 체계에로 확장할 수 있다는 가정이 존재하는 것이다. 그러니까 흔히 우리가 실험실에서 사람을 대신해서 쓰이는 동물들이 말하자면 물리적 또는 실제적 모형들이다. 가령 흰쥐와 사람이 서로 상관

있는 특징이 충분하여서, 또 인간이 실험 대상일 수 없어서, 인간의 질병의 예방과 치료를 위해서 쓰일 수 있다는 가정에 기초해서 원인과 처방을 밝히기 위해서 흰쥐를 모형으로 실험할 수 있는 것이다.

예를 들어 흰쥐에게 콜레스테롤(LDL) 수치가 높은 음식을 지속적으로 다량 투입하였더니 눈에 띄게 비대해지고 운동량이 떨어지며 조기에 사망했다면 사람에게도 저농도지단백은 똑같은 영향을 끼쳐 비대해지고 운동량이 떨어져 단명하리라고 결론할 수 있다. 또 흰쥐에게 줄곧 시끄럽고 공해 물질로 채워진 삶의 환경을 제공하여 흰쥐가 그 이후 다른 흰쥐에 비해서 자주 정신적 광란현상을 보이고 조기에 사망했다면 사람에게도 환경적으로 소음과 공해로 시달리게 되면 그 역시 정신적으로 불안한 삶을 살게 되고 일찍 죽을 수 있다고 결론할 수 있다. 이와 같이 형식적 모델의 경우나 물리적 모델의 경우나 모델의 추론 방식은 어디까지나 닮음을 활용한 것으로 여전히 일종의 특별한 형식의 유사적 주장 곧 유추이다.

6. 더 생각할 문제

여기서 좀 더 생각할 문제는 '유사적 주장을 어떻게 평가하느냐'는 것이다. 유감스럽게도 비도출적 주장들의 공통적 특징이기도 하지만 유사 유추 상사에 의한 주장이 좋은 주장인가를 판단해 줄 기계적으로 적용할 규칙은 존재하지 않는다. 즉 유사가 강한 것인지 아니면 상대적으로 약한 것인지 결정할 마땅한 기재가 없다는 것이다. 그러나 아무 준거가 없어서 유추를 향한 출항 자체가 불가능한 것은 아니다.

일반적 검증으로는, 이제까지 어느 정도 시사해왔듯이, 다음과 같은 몇 가지를 준거로 검토해 볼만하다. 첫째, 유사의 예가되는 수는 충분히 많은가, 둘째, 유사의 정도는 충분히 높은가, 셋째, 역으로 비유사로 제공될 수 있는 가능성은 충분히 배제되었는가 등이다. 넷째, 그 외에도 일반적으로 상관적인 유사를 증가시키고 비 유사를 배제하며 또 의심적인 유사나 특징 등은 활용하여서는 안 된다는 점 등이다.

달리 요약해본다면, 유사적 주장을 효과적으로 반대하고 공격하기 위해서는, 첫 번째 방법은, 유사를 의심하는 것이다. 두 가지 관심사 사이에서 관련적인 비유사 또는 반유사를 지적함으로써 해낼 수 있으며, 두 번째 방법은, 논란적이지 않은 케이스에 관하여 만들어진 주장을 의심함으로써 해낼 수 있다.

예를 들어, 영수나 철수가 사회 지도자가 되기에는 부적절하다는 주장을 펼치면서 영수의 이러저러한 면이 한 사람 이완용과 닮았다는 점을 부각시키기보다는 을사오적 이완용 박제순 권중현 이지용 이근택 등 더욱 많은 매국노와의 닮음을 제시하는 것이 더 좋은 유사주장을 만들 수 있는 경우가 된다. 또 이들 을사조약 오적들의 매국노적 여러 특징들과 다양하게 유사한 것은 유사주장을 더욱 강하게 하겠지만 매국노들도 일반 사람으로서 가질 수 있는 비교적으로 크게 탓할 것이 없는 자질을 유사로 활용하게 되면 그 유사주장은 그만큼 약해지게 된다. 또 게다가 이완용, 박제순, 권중현, 이지용, 이근택에다가 무지하게 유사인물로, 실제는 애국지사에 속하는 사람들을, 예를 들어 조병세, 민영환, 홍만식, 송병선, 황현, 이상설 등을 포함시켰다면 그것은 그의 유사를 크게 약화시키게 될 것이다. 그리고 가능하면 상관적이고 수용적이고 공통적인 내용의 유사로써 주장을 전개해 가야 한다는 것은 그 중요성을 아무리 강조해도 지나침이 없겠다.

7. 토론할 주제들

1) 유사적 주장에서 쓰이는 주장들은, 사실적 유사거나 도덕적 유사거나, 공히 도출(deduction)이라는 관점을 공통하지만 그들은 다분히 비도출적 주장(nondeductive arguments)이지 도출적 주장(deductive arguments)은 아니다. 이 점을 주시하며 각자의 전공 영역에서 비근한 예를 들어 유사적 주장을 설명하시오.
2) 다음과 같은 유사주장의 형식은 무엇이 문제인지, 문제가 있다면, 밝히시오.An object P is similar to an object Q in respect of characteristic X.Whenever an object P is similar to an object Q in one respect, it is similar to an object Q in all respects.

   Q has characteristic Y.

   P has characteristic Y.

3) 다음 유사주장은 factual인가 moral인가. 다루어지는 두 다른 주제의 비교의 요점을 밝히고 주장의 성공을 전체적으로 평가해 보시오: The planet Mars possesses an atmosphere with clouds and mists resembling our own; it has seas distinguished from the land by a greenish colour, and polar regions covered with snow. The red colour of the planet seems to be due to the atmosphere, like the red colour of our sunrises and sunsets. So much is similar in the surface of Mars and the surface of the Earth that we readily agree that there must be inhabitants there as here.

4) 다음 유사주장은 factual인가 moral인가. 다루어지는 두 다른 주제의 비교의 요점을 밝히고 주장의 성공을 전체적으로 평가해 보시오: The Aztecs considered it their painful duty to eat human flesh for fear the light of the sun should grow dim. Some tribes immure girls in the dark from the age of 10 to the age of 17, for fear the sun's rays should render them pregnant. Likewise, our modern codes of morals do not contain nothing analogous to these savage practices. We only do not forbid things which are really harmful, or at any rate so abominable that no decent person could defend them. Surely it is time the moral rules were changed.

5) 다음 유사주장은 factual인가 moral인가. 다루어지는 두 다른 주제의 비교의 요점을 밝히고 주장의 성공을 전체적으로 평가하시오:이번에 킴벌리가 스텐퍼드대학의 교육공학전공 박사과정에 입학한 것은 정당하지 못하다. 그녀의 GRE 성적과

컬럼비아대학에서의 석사과정의 학점의 평량평균이 기존 스텐퍼드 입학한 학생들의 평균을 가까스로 유지하고 있으며, 그녀가 보여준 과외활동과 사회봉사활동도 기존학생들과 비교해서 상대적으로 질과 양에 있어서 낮고 적다. 킴벌리의 경우는 그럴싸한 외양과는 달리 내적으로 부실하여 이번 스텐퍼드대 박사과정 입문은 허용되지 않아야 한다는 것이 입시위원회의 결론이다.

6) 다음 유사주장은 factual인가 moral인가. 다루어지는 두 다른 주제의 비교의 요점을 밝히고 주장의 성공을 전체적으로 평가하시오: 저녁때 고깃배에서 노래부르니 그 소리가 팽려의 물가까지 들려오고魚舟唱晩 響窮彭蠡之濱, [마찬가지로] 기러기 떼 추위에 놀라니 그 소리가 형양의 포구까지 멀어진다鴈陣驚寒 聲斷衡陽之浦. 지는 노을은 외로운 기러기들과 나란히 날고落霞與孤鶩齊飛, [마찬가지로] 가을 물은 높은 하늘과 한 가지 색이다秋水共長天一色. 하늘은 높고 땅이 아득하니 우주가 무궁광대함을 깨달았고天高地逈 覺宇宙之無窮, [마찬가지로] 흥겨움이 다하면 슬픔이 오니 차고 비는 것에는 정해진 운명이 있다는 것을 알겠다興盡悲來 識盈虛之有數.

7) 유사적 주장을 어떻게 효과적으로 공격할 수 있겠는가 다각적으로 검토해 보시오.

제7장
오류 : 주장에서 저지르는 잘못들

1. 오류의 의미와 종류

오류(誤謬)란 외형적으로 일견 옳아 보일 수 있으나 조사해 보니 옳지 않은 것으로 드러나는 그런 한 유형의 주장이다. 2400년 전 희랍의 플라톤은 일찍이 주장도 사람처럼 가끔 거짓으로 무엇인 체하는 것이라고 설파하였다. "[A]rguments, like men, are often pretenders." 우리가 일상생활을 하면서나 그리고 학문적 탐구에 있어서 주장을 하는 데 있어서 저지르는 잘못들(errors in reasoning) 즉 오류들(fallacies) 즉 엉터리 주장하기(pseudo-reasoning)는 그 유형들이 수 없이 많다. 그것은 인간의 사유의 오류의 가능성이란 언제 어디서나 아주 광범위하게 열려 있기 때문이다. 그러므로 여기서 소개하는 것은 비록 여기저기서 총망라하기로 하되 여전히 인간 오류 형식의 전부일 수는 없다. 그러나 대체로 아래에 소개하는 오류를 이해하고 있다면 아무 때라도 큰 문제 없이 효과적으로 오류를 파악하고 또 피해갈 수 있을 것이다. 우리의 논리적 흠결은 주로 이런 주위를 벗어나지 않고 맴돌기 때문이다.

주 오류는 크게 형식적 오류와 비형식적 오류로 구분된다. 그리고 비형식적 오류는 다시 상관성의 오류와 추정의 오류와 모호함의 오류로 분류하여 가닥을 잡을 수 있다.

2. 형식적 오류(formal fallacies): 도출적 주장에서 저지르는 오류

형식적(formal) 오류는 단순히 논리적 형식에서 잘못된 추론하기를 가리키는데 무엇보다도 우리가 이미 검토하였던 두 가지 오류가 있다. 그 하나가 조건명제의 후건을 긍정하는 오류와 다른 하나는 조건명제의 전건을 부정하는 오류이다. 전자 오류는 모두스 톨렌스(Modus Tollens)와 착각하면서 그리고 후자 오류는 모두스 포넨스(Modus Ponens)와 혼동하면서 빚어지는 오류이다. 또 선택적 삼단논법에서 자세히 언급하였듯이 $P \vee Q$의 해석과 관련한 오류도 있을 수 있다. 말하자면 $P \vee Q$, $\sim P$, ergo Q나 $P \vee Q$, $\sim Q$, ergo P는 타당하나 $P \vee Q$, P, ergo $\sim Q$나 $P \vee Q$, Q, ergo $\sim P$는 일종의 오류다. 또한 함의의 정의에서 처럼 $(P \vee Q) \equiv (\sim P \supset Q)$나 $(P \vee Q) \equiv (\sim Q \supset P)$는 타당하나 $(P \vee Q) \equiv (P \supset \sim Q)$나 $(P \vee Q) \equiv (Q \supset \sim P)$는 마찬가지로 일종의 오류다.

그리고 단순히 서술적 전제로부터 다분히 처방적 결론으로 옮아가려고 시도하는 주장에 의해서 저질러지는 오류로는 소위 사실(事

實)에서 당위(當爲)를 도출하는 오류(the fallacy of deriving ought to from is)가 있다. 예를 들면 다음과 같은 것이다: "조선왕조가 영국이나 일본처럼 복원되어야 한다는데 그 누가 반대할 수 있겠는가. 우리가 모두 잘 알다시피 왕권사회는 우리 역사에서 수천년, 또는 그 이상, '지속되어왔던' 것으로 한국민의 삶 속에 깊이 자리잡은 것이다. 조선조 왕권은 명목상으로라도 복원 '유지되어야' 한다." 단순한 사실에서 의무적 당위를 가져오는 것은 물론 오류다. 하지만 이것은 다음에 설명하는 비형식적 오류로서 일종의 상관성의 오류일 것이다.

3. 비형식적 오류(informal fallacies): 비도출적 주장에서 저지르는 오류

1) 상관성의 오류(fallacies of relevance)

이제 비형식적(informal) 오류들을 본격적으로 소개하기로 한다. 아까 언급한 비형식적 오류의 세 가닥 중 첫째가 상관성의 오류들(fallacies of relevance)이다.

즉 상관성, 연관성, 관련성과 관계되어 잘못을 저지르는, 그래서, 비상관적이고, 비연관적이고, 비관련적인 오류이다.

① 무지에의 호소의 오류(appeal to ignorance)

무지에 호소하는, 무지에 의지하는, 잘못이다. 사실적 증거나 논리적 증명을 피하거나 빠트리는 즉 다하지 못하는 잘못을 저지르는 주장하기다. 한 명제가 지금까지 거짓으로 드러난 바가 없기 때문에 참이라고 한다든지, 명제가 지금까지 참으로 밝혀진 바가 없기 때문에 거짓이라고 하는 것 등이다. 예를 들면 어느 무신론자가 "신은 존재하지 않는다. 왜냐하면 누구도 신이 존재한다는 것을 증명할 수 없기 때문이다."라고 하거나, 어느 유신론자가 "물론 신은 존재한다. 왜냐하면 그 누구도 신이 존재하지 않는다는 것을 일찍이 제시한 적이 없기 때문이다."라고 한다면 그들은 무지에, 모름에, 아직 다 밝혀지지 않음에 호소하는 의지하는 안주하는 오류를 범하는 것이 된다. 이유는 간단하다. 무신론자는 누구도 신이 존재한다는 것을 증명할 수 없다는 것을 증명하지는 못하고 있다. (신의 존재를 증명하면 어쩌려고 그러는가.) 마찬가지 논리로, 유신론자도 그 누가 신의 존재를 증명할 수 없다는 것을 부정하지는 못하고 있다. (신이 존재하지 않는 것을 증명하면 어쩌려고 그러는가.)

다음도 또 다른 예가 된다. "모든 국민에게 나라사랑을 의무화시켜야 한다. 지금까지 그 어느 누구도 애국이라는 형이상학적 실체의 무한한 가치를 부정하지 못했다. 나는 당당하게 만민에게 나라를 사랑하는 마음을 갖게 할 것이다." 애국의 가치를 지금까지 부정 못한 것이 애국의 가치를 부정할 수 없다는 것을 증명한 것은 아니다. 언제라도 애국의 가치는 부정될 수 있다. 이 점을 외면하고 있다. 무지하다. 무지에 호소하고 있다. 그러므로 오류다.

또 "테레사는 유죄다 왜냐면 그녀는 그녀의 무죄를 증명할 수 없기 때문이다."도 마찬가지로 무지에의 호소의 오류다. 왜냐하면 무죄도 무죄가 증명되어야 하는 것처럼 유죄가 증명되어야 유죄인 것이다. 여전히 유죄가 아직 다 밝혀진 바가 없다. 다 같이 아직 모르는 부분에 의존하여 자기 주장을 전개시키고 있다. 무지 모름(ignorance)에 의지하는 것이 아니라 지식 앎(knowledge)에 의지하여 주장을 펼쳐야 하는 것은 지극히 당연하다. 그러나 "테레사는 무죄다. 왜냐하면 그녀의 유죄를 증명할 수 없기 때문이다."는 무지에 호소하는 오류가, 현실 법정에서는, 아닐 수 있다. 왜냐면 법적으로 유죄로 증명되지 않은 사람은 어느 누구라도 법적으로 유죄가 아니라는 소위 무죄추정의 원칙이 있기 때문이다. (Anyone not proven to be legally guilty is not legally guilty.) 그래서 이것은 오류의 추론이 아니다. 죄 있는 사람을 처벌하지 못하는 것보다도 죄 없는 사람을 처벌하는 것을 더 잘못한 것으로 이해하고 있다는 것이다. 개인에 대한 국가권력의 횡포를 최소화한다는 생각일 것이다.

② 부적절한 권위에의 호소의 오류(appeal to inappropriate authority)

문제가 되는 사건에 적절한 권위를 갖지 못한 사람이나 사물에 호소하는 경우에 발생한다. 우리의 경험에는 한계가 있기 때문에 우리들이 확보하는 많은 부분의 믿음은 남이 갖는 적법한 권위에 의존한다. 나는 갖지 못하는 데 반해서 어떤 나 아닌 다른 사람 전문인은 어떤 분야에 전문 지식을 가지고 있어서 그의 전문성의 권위를 인정하고 활용하는 것이다. 그것은 당연한 그리고 바람직한 일이다. 그것은 반복하건데 우리가 직접 경험을 통해서 권위를 모두 갖춘다는 것은 실제로 원천적으로 불가능하기 때문이다. 그러나 인용한 권위가 적절한 영역에 있는 권위가 아니라면 오류는 저질러진다. 이 경우는 권위의 전문성이 주장하는 바가 비관련적이어서 본 사안의 주장에 지원을 제공하지 못한다고 보는 것이다.

한때 프로이센의 철학자 칸트(Immanuel Kant)는 몸의 건강에 관한 꽤 자세한 자기 나름의 이론을 폈다가, 그리고 의사들의 견해를 좀 무시했다가, 의학자들로부터 심한 공격을 받은 적이 있다. 그래서 어떤 사람이 칸트의 철학적 명성 탓에 그의 건강이론을 인용하여 건강론을 전개하였다면 그는 부적절한 권위에 호소하는 오류를 범한 것이 된다. 왜냐하면 칸트는 철학 전공자이지 전문 의학자가 결코 아니기 때문이다. 그러나 여기서 우리가 좀 주의할 점은 이 오류는 어떤 문제에 보다 더 적법한 권위를 갖고 있지 않는 사람에게 의지하는 데서 발생한 것이어서 일단 적절한 권위가 있는 인용이라면 혹 그 인용이 옳은 내용이 못된다 하더라도 논리적으로는 문제삼을 수 없을 것이다. 적절한 권위지만 그 내용이 건실하지 못한 경우가 때로는 있을 수 있지 않겠는가. 사실 그 반대의 경우도 상정해 볼 수 있다. 칸트가 정작 어떤 의학적 지식에 있어서 발군의 견해를 가질 수 있고 그것은 일반 의학자의 수준을 넘을 수 있을 것이다. 그럼에도 우리는 칸트의 의학적 입장을 인용하는 것을 되려 탓해야 하는 것은 논리학이 갖는 한계이자 일종의 불완전이라고 말할 수밖에 없을 것이다.

③ 특정인에 반하는 오류(against the person/ad hominem)

어떤 특정 인물에 의해서 주장하기가 이루어졌기 때문에 옳지 않다고 주장하는 것은 편견에 사로잡힌 오류라는 것이다. 왜냐하면 문제가 되고 있는 주장하는 내용에 대해서 그 사람이 말한 대부분이 거짓이라는 충분한 증거가 없지 않는가 하는 비판이다. 사람의 인격이나 성품을 문제 삼느냐, 사람의 처한 환경이나 조건을 이유로 그의 신뢰성을 문제 삼느냐, 그 사람 주장에서 비판받는 입장이나 입장에 연루되었다는 것만으로 문제 삼느냐에 따라서 모욕적으로 특정인에 반하는 오류, 상황적으로 특정인에 반하는 오류, 너도 마찬가지라는 따위의 오류 등이 있다.

첫째, 모욕적으로 특정인에 반하는 오류(abusive ad hominem)의 예를 들어보자:

"존 메케인이 그 종업원 여자를 살해했음에 틀림없다. 왜냐면 그는 근자에 일정한 직장이 있었던 것도 아니고, 상습적으로 그의 아내를 때렸으며, 술과 도박을 일삼았다." 이 주장에서처럼 존 메케인의 개인적 사람됨이 이 구체적 살인 사건과는 관련성이 없는 것이어서 그의 인간성을 문제삼는 것을 전제로 하여 결론을 도출하려는 것은 오류다. 소위 모욕적으로 특정인에 반하여 비상관적으로 저지르는 오류이다.

둘째, 상황적으로 특정인에 반하는 오류(circumstantial ad hominem)의 예를 들어보자:

"어제 개성시 도로과장의 복개공사 자금지원 증액 요청안은 정당하지 않다. 받아들일 수 없다. 왜냐하면 공무원들은 원래 자기 부서의 자금지원이 항상 약하다고 말하기 때문이다." 이 주장에서도, 물론 어떤 상황에 처하느냐에 따라서 사람은 영향을 받을 수 있는 것은 사실이지만, 복개공사 자금지원 증액 요청안이 그냥 잘못된 것이라고 단정하거나 증액 요청안이 어떤 필요와 정당성이 있는가를 검토조차 하지 않겠다고 생각하는 것은 명백한 오류다.

셋째, 너도 마찬가지라는 오류(you too ad hominem)의 예를 들어 보자.

"공격적이지 않는 동물들을 쓸데없이 죽인다는 비난을 받고 있는 사냥꾼이 그를 비판하는 사람들에게 그들은 인간에게 해를 끼치지 않는 소의 고기를 먹는다고 응수한다."거나 "자신의 소득의 반을 지난 해에 신고하지 않았다고 비난하는 사람 P에게 다른 사람 Q가 P는 세금 감면을 위해서 개를 자신의 자식들 중 하나로 거짓말하고 있다고 주장한다."는 너도 마찬가지라는 오류를 범하고 있다. 비판받는 자가 소고기를 먹는다는 사실이 재미로 하는 사냥을 정당화하지 못하며, 개를 자신의 아이들 중의 하나라고 거짓말한다는 사실이 소득을 신고하지 않았다는 주장을 정당화하지 못한다. 그래서 다들 오류다. 여기 이 경우들은 그만큼 비상관적이다. 역으로 비판적으로 설명하고 있다.

④ 감정에 호소하는 오류(appeal to emotion)

일반 사람들의 감정이나 태도나 신념 등은 쉽게 강요 조작되어 검증된 바 없는 주장 등에 끌려 수용하게 되는 경향이 있는데 그것은 오류다. 애국심이나 효도나 사랑의 이야기가 그 대표적이다. Lord Byron은 'He who loves not his country can love nothing'이라고 했는데 조국을 사랑하지 않는다고 어디 그 외 사랑할 것이 없겠는가. 또 Samuel Johnson은 'Patriotism is the last refuge of a scoundrel'이라고 했는데 애국심이 그처럼 만사형통일지 모를 일이다. 또 실생활에서 어느정도 그렇다쳐도 적어도 논리학의 세계에서는 아니다. 또 에릭 시걸(Eric Segal)은 그의 소설 *Love Story*에서 'Love means never having to say you are sorry'라고 했는데 사랑한다고 미안하다는 말을 쓰지 않는다는 것은 근거없어 믿기 어렵다. 한편 멋있어 보일지라도 또 한편으로는 수고를 통한 증거나 합리를 통한 주장을 제시하기보다는 다분히 감정과 흥분과 도취를 도모하고자 하는 언어 일색이다. 역시 논리적 상호 관련성의 결핍이 부르는 오류일 뿐이다.

⑤ 힘에 호소하는 오류(appeal to force)

문자 그대로 어떤 결론을 확보하기 위해서 합리성 논리성 과학성에 의존하기 보다는 힘과 강제와 물리력을 동원하는 것이다. "힘이 정의다(Mighty is right)"라고 생각하는 논리다. 예들 들어 "서울 한성신문은 친서민 신문으로서 국고지원금이 현재보다 2배로 증액되어야 한다. 왜냐면 시민운동가들 다수가 그렇게 말하고 있고 그들이 다음 선거에서 여론몰이의 선봉에 설 것은 불을 보듯 뻔하기 때문이다." 이 주장에서 이유로서의 전제는 결론에 매우 비상관적이지만 다음 선거의 당선을 염두에 두고 있는 대통령 후보나 지자체장 후보나 국회의원 후보들에게는 강력한 호소력을 가지고 다가올 수 있다. 즉 다분히 힘에 의한 강제적인 것으로 오류다.

⑥ 동정에 호소하는 오류(appeal to pity)

어떤 사람이 처한 상황에 대한 동정과 연민이 결론을 위한 증거로 제시되는 경우에 발생하게 된다. 예를 들면, "저 피고는 비록 살인을 저질렀지만 그가 처한 상황을 고려한다면 사형은 면하여야 한다. 허기진 자신은 물론 며칠씩 굶은 아내와 딸이 생존을 위한 먹거리를 기다리고 있었다." 아무리 상황이 참담하여도 그런 상황이 살인의 정당성을 가져올 수 없을 것이다. 잘못이 없는 순전한 사람을 죽이는 것은 어떤 방식으로든지 용인될 수 없다. 그러나 그 상황을 감형 이유로 제시한다면, 자칫 그러하기 쉬운데, 그의 주장은 동정에 호소하는 오류를 범하는 것이다.

⑦ 비 관련적 결론의 오류(irrelevant conclusion)

어떤 구체적 결론을 정립하고자 하는 주장이 가정이 논지를 잘못 파악하여 다른 결론을 구하게 되는 경우에 저지르는 것이다. 논리학에서 자주 쓰이는 얻어진 결론이 가정으로부터 당연히 나온 결과가 아니다는, 반드시 그렇게 되지는 않는다는, non sequitur 와는 상관성의 오류라는 차원에서 내용상 흡사하다. (이와 같은 상황에서 non sequitur의 해석은 다양한 것 같다. 비결론, 불합리한 추론, 관계없는 이야기, 결론을 수행하지 않음, 그릇된 결론, 결론이 전제에서 따르지 않음, 근거없이 결론 내리는 오류 등등이다.) 예를 들면 다음 주장을 생각해 보자. "북한의 핵무장과 중국의 경제와 외교의 팽창과 일본의 군비 증강은 시시각각 우리 한반도 안위를 위태롭게 한다. 따라서 우리 한국의 군비 증축도 모색되어야 한다. 현재 우리

국방비액은 전체 세액의 약 10%로서 극히 일부분에 지나지 않는데 이러한 위기 상황에 대처하는 국가 공동체의 효율적 세율 조정이 아니다. 국방을 튼튼히 하고 군사력을 강화하여 주변 국가로부터의 위협에 강력히 대응하여야 한다. 유비무환이다. 주체적 선군정치로 가자." 이 주장은 어디까지나 주변국의 안보 위협에 대처하기 위해서 우리도 군비 증강이 필요하고 그래서 국방세를 늘려야 한다는 취지가 본래의 주장일 것이다. 그러나 우리의 안위가 위태로우니 군비 증강을 해서라도 주변 국가에 강력히 맞서 대응하여야 하며 선군정치로 나가야한다고 주장하는 것은 가정에 매우 관련적인 결론이라고 보기는 어렵다. 또 "We should support affirmative action policy. White males have run this country for 400 years. They run most of government and industry today. You can't deny that this sort of discrimination is intolerable." 저자가 설득력의 증명을 보인 것은 인종차별이 있다는 것이지 적극적 고용정책이 이런 차별을 종식시키리라는 것은 결코 아니다.

⑧ 도박자의 오류(gambler's fallacy)

예를 들어 내기에서 동전을 던졌는데 지금까지 10회나 계속 앞면이 나왔기 때문에 이번에는 뒷면이 나올 것이라고 믿고 뒷면 발생에 갖고 있는 모든 돈을 거는 경우에 저질러지는 오류다. 심정적으로는 그럴 수 있겠지만, 또 긴 통계적 계산에서는 앞면과 뒷면이 대체로 50%씩 나오기 때문에 그런 추측을 할 수 있으나, 여전히 오류다. 언제 어디서라도 동전을 던지는 경우 앞면과 뒷면이 나올 확률은 대강 반반이다. 다시 말하면 앞뒤면이 나올 일반적 확률은 수학적으로 5:5이나 동전을 던지는 매번 행위는 각각 독립적이어서 양쪽이 똑같게 나온다는 것은 보장할 수 없다. 동전 던지는 경우 어느 면이 나올 때가 됐다거나, 야구 타자가 이제 홈런을 칠 때가 됐다거나, 로또 복권이 당첨될 날이 다가온다거나 태풍이 한번 되게 불어올 때가 되었다는 따위는 모두 도박자의 오류로 모두 우리가 단호히 거부해야 할 것들이다.

2) 추정의 오류(fallacies of presumption)

적법하지 못한 가정 추정 단정이 불러오는 오류다.

① 거짓 원인의 오류(false cause/post hoc)

한 현상이나 한 사건의 원인에 관하여 우리가 잘못된 추론을 하였을 때 발생한다. 종류상, 첫째, 한 사건이 다른 사건보다 단순히 먼저 발생하였기 때문에 그 한 사건이 그 다른 사건의 원인이 되었다고 단정하는 데서 저질러진다. 물론 인과관계를 설명하는 데에는 사건의 시간적 전후도 관여하지만 그것만으로 원인결과의 관계라고 단정하여 말하는 것은 섣부르다. 그래서 오류다. 상관성이 있을지라도 충분한 증거가 되지 못한 것이다. 이와 같은 보장없는 논리의 비약은 추정의 오류가 가지는 공통적 특성이다. 이와 같은 단순한 한 사건의 시간상의 앞섬이 다른 사건의 원인이라고 가정하는 오류를 'post hoc ergo propter hoc'라고 한다. 예를 들면, "얼마 전에 있었던 중국 지진 때문에 요즘 한반도 겨울의 이상기온이 일반화되었다."라든지 "요사이 발생하는 구제역은 그사이 증가한 해외 여행객의 증가가 원인이다."라든지 "빌 클린턴이 어제 내가 준 트윅스 초콜릿을 먹고 오늘 사망했다. 그러므로 그 초콜릿이 사망 원인일 것이다." 등은 보장 없는 추정이 부른 거짓 원인의 오류인 것이다. 둘째, 두 사건이나 현상이 동시에 발생하였을 때 한 사건이나 현상이 다른 사건이나 현상의 원인이라고 잘못 가정하는 것은 원인에 관한 잘못된 상관성의 오류라고 부른다. 셋째, 한 사건이 다른 사건을 야기시켰다면 그 한 사건의 부재가 그 다른 사건의 발생을 막을 수 있을 것이라고 거짓 추론함으로써 생겨나는 오류로 원인 전도의 오류라고 또한 부른다.

② 성급한 일반화의 오류(hasty generalization/leaping to a conclusion)

문자 그대로 일반화시키는 데 있어서 모본이 너무 작은 것이, 그래서 너무 불충분한 통계일 수밖에 없는 것이, 문제인 경우다. 큰 인구에서 소수 몇 사람을 표본으로 추출하는 것은 그 사례가 너무 비대변적이라고 할 수밖에 없다. 예를 들어 1만 명이 넘는 수지캠퍼스 단국대학교 학생들 중에서 회원 30여 명의 동아리 상록수나 라티오의 학생들의 의견을 물어서, 그들 다수가 건강보험의무가입제도를 반대한다고 했을 때, 단국대 학생들은 건강보험의무가입제도를 반대한다고 말하는 것은 불충분한 근거로 성급하게 결론으로 비약하는 오류이다.

③ 적재된 질문의 오류(loaded question/complex question)

질문 속에 숨겨져 있는 증명되지 않은 결론을 사실로 가정하는 그 질문에 답하려고 하는 시도에서 저질러진다. 즉 이 오류는 결론을 기정 사실로 전제한다는 데 있다. 많이 쓰이는 예로 "당신은 지금도 부인을 때리십니까?"라고 묻는다면 과거에 줄곧 그 사람이 부인을 폭행해왔다는 것을 참으로 전제하고 있는데 그것은 증명된 바가 없기 때문에 오류를 범하는 것이 된다. 또 "왜 한국사회에서는 국공립학교가 사립학교보다 인재 양성 교육에 있어서 더 효과적입니까?"라고 묻는다면 국공립학교가 사립학교보다 인재 양성 교육을 더 잘하고 있다는 것을 전제하고 있는 것이 되는데 그것이 증명된 바가 없어서 역시 오류를 범하는 경우다. 이처럼 결론의 정당성을 이미 적재하고서 던지는 질문은 오류이며 또 그런 결론의 문장과 질문이 가로세로 섞여 있어서 복잡한 질문의 오류라고도 한다. 말하자면 첫 번째 경우는 "네가 부인을 때리곤 했다"와 "지금도 때리냐?"가 합해져 있고, 두 번째 경우는 "국공립학교가 사립학교보다 인재 양성 교육에 더 효과적이다."와 "그 이유가 무엇이냐?"가 합해져 있다.

④ 미끄러운 비탈의 오류(slippery slope/camel's nose)

연속선상에서 가까이 있는 두 지점 사이에 별 차이가 없기 때문에, 그것을 연장시켜서 크게 멀어진 두 지점 사이에도, 어떤 중요한 차이가 없다고 결론내리는 것이다. 현대 의학윤리 논쟁에서 곧잘 등장하는데 예를 들면 다음과 같은 것들이다. "임신 1주째 아이는 아직 사람 형상을 갖추지 못했으니 낙태가 가능하다면 1주째와 2주째가 무슨 큰 차이가 있겠는가? 임신 2주째 아이도 낙태가 당연히 가능할 것이다. 또 2주째와 3주째가 무슨 큰 차이가 있겠는가? 임신 3주째 아이도 낙태가 가능할 것이다. 그런 식으로 연장시켜서, 사실 임신 9월째와 10월째도 어떤 실질적 차이가 있겠는가? 결국 낙태는 아무 때라도 가능한 것이다." 낙태허용론자들의 주장이다.

또는 반대 논리로 "죽음이 임박한 말기 환자에게 최소한의 소극적 안락사가 허용되어야 한다고 주장한다. 그렇다면 죽음이 임박한 말기 환자보다는 조금 더 나은 상황의 환자도 그 차이가 아주 경미하기 때문에 안락사가 허용되어야 한다고 할 것이다. 또 그 상황이 허락되면 그 상황보다 조금 더 나은 상황의 환자에게도 안락사를 허용하자고 할 것이다. 그런 식으로 계속 연장시키다 보면 꽤 괜찮은 상황의 환자 즉 성한 환자도 안락사시킬 수 있어야 한다는 주장이 나올 것이다. 그러므로 안락사는 애초에 허용해서는 안 된다. 안락사는 살인 행위다." 안락사 반대론자들의 주장이다.

이들은 모두 미끄러운 비탈을 타고 절제없이 미끄러지는 오류를 범한 셈이다. 그렇지만 실제로 낙태나 안락사를 허용해야 한다는 자유주의자들의 입장은 이런 유의 나약한 하수 논쟁에 머물고 있지 않다. 낙태 반대와 안락사 반대 의견에 맞서서 훨씬 더 정교하고 더욱 광범위한 설득력 있는 가정을 개발해 가고 있다.

⑤ 질문과 논점을 회피하는 오류(begging the question/petitio principii)

기중 악명 높은데 이 외에도 여러 가지 명칭이 있어서 순환논리라거나 논점 회피 또는 논점 선취 따위로 불린다. 취지는 이렇다. 도달하려는 결론이 이미 주어진 가정의 일부 또는 전부를 활용하여 언급하는 것이다. 소위 논리가 진전하지 못하고 순환한다고 하는 이유다. 또는 질문을 답하지 않고 회피한다는 것은 어떤 명제의 진실을 증명하려는 도정에서 그 명제의 진실을 가정하는 것이다.

예를 들면 "버락 오바마는 지키기로 한 비밀을 배신 누설하였기 때문에 그는 배반자이다."는 주장은 가정이 주장의 내용을 가지고 있다. 그런데 어떤 객관적인 증거가 가정에 주어지지는 않고 있다. 또는 "개인이 제한 없는 자기 표현의 자유를 만끽하는 것은 국가공동체에 유익하기 때문에 모든 시민에게 무한의 자유를 허용하는 것은 국가에 물론 도움이 된다."도 마찬가지다. 개인이 제한 없는 자기 표현의 자유를 만끽하는 것이 국가공동체에 과연 유익하다는 객관적 지지의 근거를 제시하여야 한다.

그리고 "철학하기는 인간에게 본질적인 문제들을 철학적으로 풀어가는 행위다."에서 처럼 철학이라는 단어의 반복 순환적 정의나 "예술은 예술세계 예술환경 예술시장과 관련하여 정의되어야 한다."는 예술제도론자들의 예술에 관한 정의도 또한 좋은 예가 된다. 철학을 설명하는 데 철학이 다시 되풀이하여 쓰고 있고, 예술을 설명하는 데 예술이 다시 되풀이하여 쓰여 지고 있다. 또 다음도 마찬가지다: "Affirmative action policy can never be fair or just. You cannot remedy one injustice by committing another."

⑥ 야유주장의 오류(pooh-pooh)

상대방의 주장을 야유와 경멸로 무시하고 검토하고 평가하는 것을 거부함으로써 그 반사 이익을 주장으로 확보하려는 것이다. 위장과 거짓으로 노력 없이 주장하는 것으로 오류다. 예를 들어 "여성비하성 포르노그라피의 만연이 남성에 비해서 여성은 무능한 저급의 노동 인력이라는 편견을 사회에 심화시켜서 점차 여성들의 사회진출을 향한 적극적 권리를 저하시키며, 여성 스스로에게도 지속적으로 자기 비하의 악영향을 주어 결국 사적 영역에서의 자신의 소극적 권리마저 포기하는 침묵을 낳는다는 낸시 펠라시의 주장은 일고의 가치가 없는 가소로운 주장이다. 그녀는 흔해빠진 여성주의자들의 푸념을 대신하고 있다."가 있을 수 있다. 아예 낸시 펠라시의 주장은 엉터리인 것으로 추정하고 있다.

⑦ 허수아비의 오류(straw man)

상대의 주장을 잘못 해석하여, 좀 희화화하여 변색시켜, 비판을 아주 용이하게 하는 것이다. 희화화된 주장을 비판자는 본래의 주장처럼 다루려 들 것이다. "예술이론으로서의 상연론(representationalism)은 결국 사물을 그대로 베끼자는 것에 불과하다. 그래서 일찍이 플라톤이 예술추방론을 일삼지 않았던가." 상연이론을 이렇게 제멋대로 단순화시켜 놓으면 비판과 평가는 손쉬울 것이나 이미 허수아비의 오류에 빠져 있다. 좀 쉽게 말하자면, 있지도 않은 사실을 가정해 상대를 공격하는 것은 논리적으로 허수아비 공격의 오류라는 것이다.

⑧ 적재된 단어들의 오류(loaded words)

판단이 수반되는 예를 들어 유능하다든지, 무능하다든지, 경멸적이라든지, 존경스럽다든지, 이기적이라든지, 이타적이라든지, 편협하다든지, 융통성이 있다든지, 퇴폐적이라든지, 고상하다든지, 신의가 있다든지, 배신적이라든지, 따위의 단어를 구사함에 있어서는 먼저 그 사용을 정당화시켜야 하는데 그렇지 못하게 되는 경우에 발생한다. 눈여겨보아야 할 것은 적재된 단어들의 오류가 동시에 다른 오류로 해석될 수 있는 경우가 있다.

예를 들어서 "동물 가죽을 옷으로 사용하는 것은 금지되어야 한다. 모피 사용을 위해서 죄 없는 동물을 죽이는 것은 피도 눈물도 없는 잔인한 살인행위다. 야만적 동물 사냥을 금지하는 법을 제정하자."와 같은 주장은 '죄 없는' '잔인한' '야만적' 따위의 적재된 단어들이 사용되는 오류가 발생하였을 뿐만 아니라, 흥미롭게도, 동물을 죽이는 행위가 잔인한 행위인가에 대한 근거도 제시되지 못하고서 가정으로 사용하고 있어서 위에서 언급한 적재된 질문의 오류와도 근사하고, 잔인 행위가 금지의 근거로 쓰이고 있어서 질문을 다시 사용하는 오류에도 가깝다. 그러므로 여기서 우리가 추가로 중요하게 알 수 있는 것은 오류의 분류가 절대적으로 서로 배타적인 것은 아니라는 것이다. 말하자면 한 어떤 오류는 동시에 다른 어떤 오류에 속할 수도 있다. 대분류거나 소분류거나 다 그렇다.

3) 모호함의 오류(fallacies of ambiguity)

단어나 표현이나 상황 등이 부추기는 모호함과 불분명함이 가져오는 오류다.

① 다의의 허위의 오류(the fallacy of equivocation)

한 단어의 두 구분되는 의미를, 의도적으로건 실수로거나, 같은 것으로 다루는 데서 생겨나는 오류다. 예를 들면 "대학시절에 본 영화 죽은 시인의 사회(*Dead Poets' Society*)는 이제는 고전 명화가 되었다. 구성원들이 살아 숨쉬는 사회여야 그 사회가 미래 발전의 희망이 있다. 그러므로 죽은 시인들로만 모여 있는 사회는 곤란하다." 라고 주장한다고 하면 오류다. 죽은 시인의 사회에서의 사회는 공동체의 구성원들이 그 안에서 서로의 이익을 위해서 더불어 사는 조건이나 형식으로서의 일반 사회의 의미가 아니라 유명 죽은 시인들을 좋아해 그 시인들의 작품들을 함께 감상하고 토론하고 시연하기 위해서 모인 동아리 결사체의 의미다. 그들은 시를 좋아해서 때때로 모여 서로 작품을 낭송도 하고 연기도 하고 또 토론도 하는 동아리 클럽인 것이다. 클럽으로서의 사회와 공동체로서의 사회를 혼돈하여 하나로 사용하는 데서 발생한 오류이다. 그래서 영화제목의 풀이도 죽은 시인회나 죽은 시인모임 정도가 더 적실하다.

② 문의의 불분명의 오류(the fallacy of amphibology)

위에 설명한 다의의 허위의 오류와 비교가 된다. 다의의 허위의 오류가 단어의 모호함과 관련한 오류였다면 문의의 불분명의 오류는 문장이 가지는 모호함과 관련 있는 오류다. 문의의 불분명의 오류는 대체로 문장 중에서 쉼표가 바르지 못한 곳에 표시되었거나 수식어가 한정하는 범위가 명확하기 못한 경우에 생겨날 수 있다. 예를 들면 "그는 초등학교 다니는 딸과 두 아들을 가지고 있었다." 이 경우 초등학교 다니는 딸과 초등학생이 아닌 두 아들인지, 다함께 초등학교 다니는 딸과 아들들인지 자세하지 못하다. "내가 처음 그 섬에 다다랐을 때 그 섬의 주민들은 갈색과 회색의 눈을 가지고 있는 것을 알 수 있었다." 이 경우도 주민들이 일부는 갈색이고 일부는 회색이라는 말인지 아니면 주민들의 눈이 갈색과 회색이 섞여 있는 눈이였다는 말인지 불분명하다. 아마도 전자일 것이라고 믿지만 말이다.

③ 합성의 오류(the fallacy of composition)

전체의 부분들의 속성으로부터 전체 자체의 속성으로 나아가는 추론하기를 말하는 것으로 오류다. 예를 들면 "애플사 CEO 스티브 잡스가 새로 내놓은 아이패드와 아이폰의 모든 구성 부분이 무게가 가벼워서 전체 아이폰과 아이패드의 무게가 또한 가볍다."는 식의 주장으로 여러 구성 부분 각각은 가벼워도 그 부분들로 구성된 전체 아이폰과 아이패드의 무게는 막상 가벼운 것만은 아니다. 또 "사람은 원자로 구성되어 있다. 원자는 의식이 없다. 그러므로 사람도 의식이 없다. 의식은 일종의 환상이다."도 합성이 가져오는 오류일 것이다. 혼수상태에 빠지지 않고서야 사람이 의식이 없다고 해서야 도대체 말이 되겠는가. 그러므로 어떤 사람을 가리켜 의식없는 사람이라고 말하는 것은 심하게 모욕적인 언사다.

④ 분할의 오류(the fallacy of division)

위에 설명한 합성의 오류를 거꾸로 가는 것이다. 즉 반대로 하는 것이다. 전체 자체에 참인 것은 전체의 부분도 참이라고 추론하는 것을 말하는 것으로 오류다. 예를 들면 "기업 삼성은 중요하다 그리고 김영삼은 그 삼성의 과장이다. 그러므로 김영삼도 또한 중요하다."는 식이다. 전체로서 삼성이 중요해도 그 삼성의 부분 김영삼 과장은 유감스럽게도 별 쓸모가 없을 수 있다. "로마제국이 위대했다 할지라도 오현제(五賢帝)의 마지막 황제 마르쿠스 아우렐리우스의 뒤를 이은 그 못된 아들 황제 코모두스를 어찌 위대하다 하리요." 또 "힐러리 퍼트냄은 미국인이다. 그리고 미국은 부자나라다. 그러므로 힐러리 퍼트냄은 부자다."도 분할이 가져오는 오류이다.

4. 더 생각할 문제

여기서 더 생각할 문제는 상관성의 오류, 추정의 오류, 모호함의 오류에 속하는 오류들이 자체 내에서 동시적으로 적용되는 오류에는 어떤 것들이 있겠는가? 혹 동시에 이 세 개의 큰 분류를 고루 넘나들면서 겹쳐서 적용되는 오류는 없겠는가? 여기에서 우리는 오류가 서로 간에 배타적이지 않다는 것을, 인간의 사유 안에서 오류는 가로세로 섞일 수 있음을 파악할 필요가 있다. 그만큼 오류의 구분이나 경계라는 것도 우리 사유의 복잡한 상황과 관계가 있음을 알 수 있고 또 그런 상황에서도 나름대로 분류의 계통의 가닥을 잡아서 오류를 파악하고 극복하는 데 효과적으로 사용하려는 우리 인간의 의지가 배어있다고 볼 수 있다.

또 형식적 주장을 공부할 때는 몇몇 개의 중요한 타당한 규칙들을 다루었다. 그리고 그것을 따라서 좋은 주장을 만들어 보고, 좋지 않은 주장을 찾아내고, 또 그것을 좋은 주장으로 만들어 보려는 것이 기대됐었다. 즉 그 안에서 도출적 타당성(validity)을 찾으려는 노력을 한 것이었다. 대비적으로 여기 비형식적 주장을 다루는 데 있어서는 추구할 타당한 규칙을 제시하는 것이 아니라, 물론 이것은 너무 복잡다단해서 현실적으로 불가능한 일이기도 해서 그러려니와, 신뢰할 수 없는 주장하기를 저지르지 못하도록 즉 오류를 경계하는 방식을 취하고 있다. 그렇게 함으로써 비도출적 주장의 힘(force)을 확보하려는 노력이다. 이로써 우리는 형식적 도출적 주장과 비형식적 비도출적 주장의 본질의 차이의 또 다른 일단을 들여다 볼 수 있는 아주 의미있는 기회를 갖게 되었다.

5. 토론할 주제들

1) 일련의 타당한 주장의 규칙들을 공부할 때 두 가지 형식적 오류를 다루었다. 즉 하나는 조건명제의 후건을 긍정하는 오류

이고 다른 하나는 조건명제의 전건을 부정하는 오류였다는 것을 기억할 것이다. 여기서 소개된 다종다양의 비형식적 오류와 비교하면서 오류 주장들의 특성을 파악해보자.

2) 우리가 위에서 검토한 오류에 딱히 속하지 않으면서도 연구검토 할 더 많은 오류적인 주장들이 있을 수 있겠는가. 위의 오류만이 인간이 저지르는 논리적 잘못이지는 아니지 않겠는가. 찾아 예를 들어 설명하시오.
3) 또 위에서 분류한 오류의 세 가닥 중에서 차라리 다른 가닥에 들어가는 것이 좋을 것으로 판단되는 오류는 없는가 살펴보라. 있다면 무엇이고 그 이유는 무엇인가. 아니면 동시에 두 개 또는 세 개 모두에 속할 수 있는 오류가 있다고 보는가. 어떤 것이며 또 그 이유는 무엇인가.
4) 무지에 호소하는 오류를 예를 들어 설명하시오.
5) 힘에 호소하는 오류를 예를 들어 설명하시오.
6) 거짓 원인의 오류를 예를 들어 설명하시오.
7) 질문과 논점을 회피하는 오류를 예를 들어 설명하시오.
8) 다의의 허위의 오류를 예를 들어 설명하시오.
9) 문의의 불분명의 오류를 예를 들어 설명하시오.
10) non sequitur를 예를 들어 설명하시오.

제8장
정의: 보도와 규정을 통한 설명

1. 외연적 정의와 내포적 정의

정의(定意)는 단어의 의미를 설명하는 것이므로 단어를 정의하는 것은 그 단어가 실제로 어떻게 쓰이는가를 설명하는 것이다. 보다 정확히는 그 단어의 사용을 통제하는 일련의 규칙과 조건을 설명하는 것이다. 그러므로 올바른 정의의 이해 없이 일상의 주장이나 규칙이나 제 학문의 원리들을 바로 이해하는 것은 사실상 불가능하다. 단어는 이중적 표현을 가지고 있어서 우선 정의는 외연(外延集合extension)과 내포(內包屬性intension)로 두 갈래로 나뉜다.

단어가 사물 사건을 가리킨다는 점에서 단어의 외연은 그 단어가 표방 또는 지칭하는 사물이나 사건의 총체의 범위를 의미한다. 단어가 사건 사물의 관념을 전달한다는 점에서 단어의 내포는 그 단어의 외연 안에 포함되기 위해서 사물이나 사건이 갖추어야 하는 특징이나 속성을 암시 또는 함축하는 것을 의미한다. 말하자면 외연은 용어가 가리키는 사물의 "집합"이며 내포는 한 사물이 그 용어에 속하기 위해서 소지하여야 하는 필요하고 충분한 "속성"이다. 좀 쉽게 표현하면 외연은 단어의 겉이고 내연은 단어의 속이다. 예를 들면, 타고 다니는 배의 외연은 배라는 개념이 밖으로 가리킬 수 있는 대상 전체로서 화물선, 여객선, 돛단배 등을 포괄하며, 배의 내포는 안으로 갖는 특징과 속성으로 물 위에서 운반할 수 있도록 만들어진 용기가 되어 다분히 구술적이다.

그러므로 단어의 외연에 포함되는 사물이나 사건의 구체적 예를 들어가면서 그 단어의 외연적 정의(extensional definition)를 내릴 수 있다. 그래서 야채는 파, 콩, 당근, 감자, 시금치, 콩나물 등을 의미한다고 정의할 수 있다. 또 정의되는 단어의 외연에 속하기 위해서 사물이나 사건이 필요로 하는 속성을 언급함으로써 내포적 정의(intensional definition)를 내릴 수 있다. 그래서 철학자는 지혜를 사랑하고 사물의 본질에 상도하고자 노력하는 연구가나 강의자라고 정의할 수 있겠다.

그래서 비교해 보건데 논리적 사고를 훈련하는 데 결국 우리가 더 많은 관심을 갖게 되는 것은, 그리고 일반적으로 정의라고 부르는 것도, 외연적 정의보다는 내포적 정의라고 볼 수 있겠다. 그리고 그런 정의를 내리는 과정에서 경계해야 할 점이 자연스럽게 중요하게 부각하게 된다. 그러므로 정의는 불분명하여서는 안 되며 순환논리적이어서도 안 된다. 또 정의는 단어나 용어나 기호의 사용과 관련한 중요한 특징들을 언급하여야 하며 또한 정의된 단어가 설명하는 똑 같은 사물을 설명하여야 한다. 외연적 정의에 대조적으로 내포적 정의에는 다양한 정의의 목적이 있게 되는데 그에 따라서 정의는 사실성과 임의성에 따라서 사실을 보도하고 기술하는 정의와 임의로 규정하고 만드는 정의로 대별된다.

2. 사실 보도적 정의

사실 보도적 정의(reportive definition)는 단어가 실제로 어떻게 사용되는가를 설명하려는 정의로서 단어 사용이 일상의 사용법과 일치하는 경우라면 바른 정의가 되고 일치하지 않는 경우라면 틀린 정의가 된다. 그러므로 보도적 정의는 참이거나 거짓이거나 일 수 있다. 보도적 정의에는 다음 세 가지로 세분할 수 있다.

1) 사전적 보도적 정의

사전적 보도적 정의(lexical reportive definition)는 단어가 일상생활에서 사용되는 방식에 대한, 사전에서 정의한대로 제대로 쓰이고 있는지에 대한, 사실적 보도다. 용어에 대한 인정된 표준적 사용을 제시하는 것이다. "의자는 식사할 때나, 휴식할 때나, 공부할 때에 그 위에 앉는 데 쓰이는 하나의 가구다."라고 의자를 정의한다면 그것은 참 사전적 보도적 정의다. 또 '아저씨는 부모의 남자 형제거나 아주머니의 남편이다.'라고 아저씨를 정의한다면 그것 역시 참 사전적 보도적 정의가 된다. 그러나 "오디는 오동나무 열매로 가지과에 속하는 다년생 초다."라고 오디를 정의한다면 이 사전적 보도적 정의는 거짓이 된다. 왜냐하면 오디는 뽕나무 열매다. 또 '단국대학교는 국립 전문대학교이다.'라고 단국대를 정의한다면 이 사전적 보도적 정의 역시 틀린 것이다. 왜냐면 주지하듯이 단국대학교는 역사와 전통에 빛나는 사립 종합대학교이기 때문이다.

2) 학문적 보도적 정의

학문적 보도적 정의(disciplinary reportive definition)는 단어가 어떤 구체적인 학문분과에서나 특별한 영역에서 사용되는 방식에 대한 사실적 보도다. 학문적 전문적 서클에서 수용하는 정의라고 할 수 있다. "Sober science tells us that matter is a vast collection of electric charges in violent motion."이라고 'matter' 즉 물질(질료)을 재료공학에서 정의한다면 이는 바른 학문적 보도적 정의가 되겠다. 또 "Angles larger than a right angle (more than 90 degrees) are called obtuse angles."라고 'obtuse angles' 즉 둔각을 기하학에서 정의한다면 이도 바른 학문적 보도적 정의가 되겠다. 그러나 "Does it really matter?"라고 그게 정말 문제가 되느냐고 묻는 질문에서는 'matter'가 단순히 '문제가 된다, 관심거리다, 중요하다.'는 의미가 되어서 굳이 학문적 보도적 정의라기보다는 사전적 보도적 정의로서의 활용이라고 보아야 한다. 이처럼 'matter'라는 단어가 사실적 보도에도 쓰이고 또 학문적 보도에도 쓰이는 것을 알 수 있다. 단어가 굳이 어느 한 정의에만 국한되어야 할 필요가 없음을 보여주는 예이다.

또 “Acute pain comes on quickly without warning signs and last a relatively short time.”처럼 ‘acute pain’이 의학에서는 만성에 대비되는 급성 통증을 가리키는 것을 알 수 있다. 동시에 ‘acute angles’는 기하학에서 ‘less than 90 degrees’로서 예각을 가리키기도 한다. 즉 ‘acute’라는 단어가 한 학문적 보도에 쓰이고 또 다른 학문적 보도에도 쓰이는 것을 알 수 있다. 그리고 그 의미를 달리 하는 것을 볼 수 있다. 이처럼 단어는 어느 한 영역에만 고정적으로 배타적으로 사용되지 않고 여러 가지 다른 의미를 가지고서 여러 영역에서 쓰일 수 있다.

한글 우리말과 한자 우리말의 경우도 물론 마찬가지다. 눈은 눈(eye)도 있고 눈(snow)도 있으며, 싸다는 값이 싸다(low)도 있고 오줌을 싸다(urine)도 있고 물건을 싸다(wrap)도 있으며, 장은 짠 장도 있고 신체 장기의 장도 있고 시장으로서의 장이 서는 경우도 있겠고 기관의 수장으로서의 장도 있을 수 있으며, 배는 배(pear)도 있고 배(stomach)도 있고 배(ship)도 있고 배(time)도 있고 배(cup)도 있으며, 개는 개(unit)도 있고 개(canine)도 있고 개(tool)도 있고 개다(fold up)도 있고 개다(clear up)도 있다. 또 손은 손 씻다(신체) 손이 모자란다(일손) 손을 끊어라(교제) 그의 손에 놀아났다(꾀) 손을 빌렸다(도움) 다른 사람 손에 집이 넘어갔다(소유) 우리 손으로 지키자(힘) 그 사람은 손이 크다(씀씀이) 등으로 가지가지다.

3) 역사적 보도적 정의

역사적 보도적 정의(historical reportive definition)는 어떤 한 단어가 어느 특정 구체적 시간에 어떻게 사용되었는가에 대한 사실 보도다. 어떤 단어가 과거 어느 구체적 시기에 학문적 전문적 분과에서 어떻게 사용되었던가에 대한 설명이라면 그것은 역사적 학문적 보도적 정의가 되고, 어떤 단어가 과거 어느 구체적 시기에 일반적 사전적 의미에서 어떻게 사용되었던가에 대한 설명이라면 그것은 역사적 사전적 보도적 정의가 될 것이다.

단어도 인간 삶의 여러 모습들처럼 생성 발전 소멸의 과정을 겪는다. 어떤 단어는 생겨나서 지속적으로 살아남기도 하지만 어떤 단어는 단명하여 곧 사라지기도 한다. 또 어떤 단어는 생을 유지하되 처음의 의미가 변색되기도 하고 또 어떤 단어는 그 의미가 더욱 확대 발전하기도 한다. 그래서 이에 대한 이해가 없다면 과거 그 시대의 문헌을 읽으면서 큰 오해를 불러올 수도 있을 것이다.

또 중요한 것은 옛날 것은 옳고 지금 것은 틀린 것이 아니며 과거는 과거대로 현재는 현재대로 모두 그 의의가 있다는 점을 파악해야 한다는 점이다. 예를 들면 'naughty'는 현대에는 나쁜, 짓궂은, 외설적인 등의 의미로 다소 부정적인 의미가 있으나 한편으로는 사회적으로 용인되는 상황이다. 그러나 시대를 거슬러 올라가 중세에는 'naughty'는 사악함 그 자체였다. 말하자면 악한, 악마의, 사악한 따위의 의미였다. 지금은 "Don't be so naughty to your little sister!"라고 하면 "너의 어린 누이에게 너무 짓궂게 굴지마라!"가 되겠지만 중세의 표현이라면 아주 사용 곤란한 것이 되고 만다.

옛날 로마 시대에는 'decimate'라는 단어가 정확히 사람을 10명 중 1명을 죽이는 것을 의미하였지만 이제는 그런 의미는 사라졌다. 이제는 단순히 줄이다 해고시키다라는 뜻으로 쓰인다. 전문 분과에서의 변천도 부지기수다. 'syphilis'는 현재에는 나선상균 박테리아에 의해서 생기는 매독이라는 전염성 성병만을 가리키지만 과거 16세기부터 19세기에 이르는 문헌에서는 다양한 피부병을 지칭하고 있는 것을 알 수 있다.

영어 단어 'alternatives'가 한 때는 두 가지 중에서 선택해야 하는 경우에만, 즉 양자택일 양도논법에만, 쓰였으나 지금은 세 가지 이상의 경우에서 선택하는 때에도 쓰이며, 또 'between'은 과거에는 두 개 사이의 관계를 설명할 때 쓰였지만 지금은 두 개 이상 여러 개의 경우에도 많이 쓰이고 있다. 또 'one day'는 과거의 어느 날을 가리킬 때에 쓰는 것으로 예전에는 이해되었으나 지금은 과거의 어느 날은 물론 미래의 어느 날을 가리킬 때도 부지기로 쓰이고 있다.

예를 들어 보자. 미국의 인권운동가 킹(Martin Luther King Jr.)의 'I Have A Dream' 연설을 잘 기억할 것이다:

> I have a dream that 'one day' this nation will rise up and live out the true meaning of its creed: We hold these truths to be self-evident that all men are created equal. I have a dream that 'one day' on the red hills of Georgia, the sons of former slaves and the sons of former slave holders will be able to sit down together at the table of

brotherhood...I have a dream that my four little children will 'one day' live in a nation where they will not be judged by the color of their skin, but by the content of their characters...

다음은 미국의 음악신동 첼리스트 요요마(馬友友Yo-Yo Ma)가 어떤 광고에서 말한 내용이다:

What makes a masterpiece? To me it is about finding the perfect equilibrium between complexity and simplicity. In order to transform the ordinary to the extraordinary, you can be inspired, you can learn from the best, but don't try to be like someone else. Ultimately, 'one day,' you have to find your own voice.

드워킨(Ronald Dworkin)의 미국 대법원의 낙태 결정에 대한 다음 내용도 참고해 보자:

But it is extremely difficult to do this, and, in practice, politicians and people who hate a Supreme Court decision can only hope that new justices will be appointed who agree with them, and that 'one day' a revamped Supreme Court will overrule its own past decision, which it has the power to do.

한글 우리말에 아가씨는 본래 시집가기 전의 젊은 처자 처녀 숙녀의 의미로서 꽤 고운 표현이었는데 언제부턴가 아가씨가 아가의 씨에서 왔다는 설이 있어서 이제는 사용이 좀 껄끄럽게 되었다. 한자 우리말의 맹랑하다의 맹랑(孟浪)은 원래 문자 그대로 활기에 넘치는 씩씩한 젊은이를 의미했으나 지금은 '맹랑한 녀석' 하게 되면 아주 고약한 것은 아니라 해도 '좀 당돌하고 뻔뻔한 아이'를 의미하게 되었다. 또 영어 우리 표현에 섹시(sexy)하다는 표현은 과거에는 성적 표현에 있어서 좀 지나치게 야하고 빛바랜 부정적 의미였으나 지금은 되려 긍정적으로 성적 표현에 있어서 매력적이고 활발한 것을 지칭하는 듯하다.

3. 임의 규정적 정의

임의 규정적 또는 약정적 정의(stipulative definition)는 언어 사용 안으로 새로운 용어를 도입하는 것인데 단어를 어떤 제 나름의 특정한 방식으로 사용하는 규정과 규칙에 관한 설명이다. 그러므로 규정적 정의는, 이 전의 보도적 정의와는 달리, 그 임의성 때문에 참이거나 거짓이거나 맞거나 틀리거나 할 수 없다. 실제로 우리는 지금까지 논리적 훈련을 해 오면서 규정적 정의를 많이 사용해온 셈이다. 기호 '⊃'를 'if then'의 의미로 쓴 것이나 '∧'를 'and'의 의미로 쓴 것이나 '∨'를 'or'의 의미로 쓴 것이나 '~'를 'negation'의 의미로 쓴 것이나 'iff'를 'if and only if'의 의미로 쓴 것이나 '______'를 'therefore'의 의미로 쓴 것 등은 논리 훈련에 있어서 이미 우리가 서로 도입하여 규정하여 쓴 정의들이다. 규정적 정의에는 세부적으로 다음 세 가지가 있다.

1) 임의적 규정적 정의

임의적 규정적 정의(arbitrary or wanton stipulative definition)는 규정을 정함에 100% 아무런 제한이 없다. 말하자면 '제멋대로' 필요에 따라서 규정을 확보하고 그에 따라 정의하는 것이다. 아무 제한 없이 자유롭게 사용할 수 있는 효과가 있다. 새로운 용어나 기호나 약어 등에 자주 원용된다. 다음에 소개하는 예들은 이와 같은 취지를 다양하게 대변하는 것들이다.

나는 지금의 한반도 통일을 찬성하는 세력을 P(pro)라 부르고 반대하는 세력을 C(con)라 부를 것이다. 그래서 이번에 마련한 통일을 향한 찬반토론방을 소위 PC방이라고 부를 것이다.

나는 반성삼아서 이번 우리 해외여행의 문제점을 책자로 만들어 회사 회원 전체에 무료 배포할 예정이다. 책자 제목은 'My Ukt'인데 Ukt는 추한 한국인의 여행기에서(*Ugly Koreans' Travels*) 영어 첫 글자를 모아서 조합한 것이다.

'여우사이'는 '여기서 우리의 사랑을 이야기하다'를 의미한다.

이런 식으로 작자가 임의로 자기 표현이나 자기 주장을 위해서 사용한 나름의 제멋대로의 정의가 오랜 시간에 걸쳐서 많은 사람들에 회자하면서 사회적 승인을 거쳐서 공공적으로 인정된 정의도 있다. 15-16세기 영국을 살다간 정치철학자 토마스 모어(Thomas More)는 자신의 이상이 지배하는 이상적 정치체제를 그린 자기 저작명을 *Utopia*라고 명명하였는데 시대의 변천을 거치면서 이제는 인류가 인정하는 일반적 이상향을 의미하는 명실공한 단어가 되었다. 이제는 '나의 유토피아'라든지 '유토피아적 상상'이라든지 '더 이상의 인류의 유토피아는 없다'는 말이 범람해도 토마스 모어나 그의 저서 유토피아하고는 거의 관련이 없다.

1789년 프랑스 혁명세력은 자기들이 타파하고자 했던 구체제 구제도를 ancien regime이라고 불렀다. 이제는 구시대적 사고나 관습 따위를 두루 가리켜 앙샹 레짐이라고 부른다. 꼭 프랑스와 관련시키지 않아도 된다. 영어의 'hot dog'는 독일어의 'dachschund sausage'를 대신해 미국에서 어느 만화가가 신문에 사용한 것이 일반화된 것이다. 그가 신문삽화란에 'Get your hot dog!'라고 나름의 명명을 해 본 것이었다. 또 요즘 같아서는 구글(google)은 더 이상의 1990년대 Page와 Brin의 개인 인터넷 검색 엔진 상호명을 넘어서서 만인이 사용하는 단어로 '찾는다, 검색하다'는 동사 정도가 되었다. 실제로 예전에 많이 썼던 'Look up the dictionary!' 대신에 'Google it!' 하는 판이다. 다들 임의 규정적 정의의 다양한 변천사를 보여주고 있다.

2) 제한적 규정적 정의

수정적 제한적 규정적 정의(precising or modifying stipulative definition)는 일반적 의미를 얼마간 제한하고 수정하는 것이다. 용어의 불분명함을 감소시키는 효과가 있다. 어떤 구체적 문맥에서 단어의 일상적 의미를 제한하여 그 의미를 더욱 확실히 하려는 것이다. 수정적 규정적 정의라고 할 수 있을 것이다. 몇 가지 예를 들어보자.

In my current assets estimation, 'savings' is money invested for the movement of Blind Sees.

In my currently published tome, a 'conflict' is to be understood as the decision-making dispute between students and professors.

We now decide to nominate him as the secretary-general of our society 'Good Will Forum(善意會)' since the position should mean the person who have thus far endowed the most for the society among its members.

3) 설득적 규정적 정의

유도적 설득적 규정적 정의(persuasive or inducible stipulative definition)는 완전 임의냐 일부 임의성이냐의 구분이라기보다는 화자가 나름의 의도성을 가지는, 그래서 나름대로 규정하는, 또 그래서 설득하려하는 것을 목표로 하는 정의법이다. 말하자면 그 용어가 가리키는 사물을 향한 긍정 또는 부정의 태도를 설득 유도하려는 설명이다.

다음의 예를 검토해 보자. "동성연애자란 동성에 대해서 '부자연스런' 성적 욕구를 가지고 있는 사람을 의미한다"고 표현한다면 이는 동성애자에 대한 일반의 시각을 부정적으로 몰아가려는 또는 그 자신의 부정적 견해에 동정해주기를 권면하는 설명법이라고 볼 수 있다. 부자연스럽다는 다분히 자기의 설득적 규정이라고 보아야 할 것이기 때문이다.

또 "지도자인 사람은 모름지기 자기가 아닌 타인의 마음을 읽을 수 있어야 한다. 그의 견해를 경청하고 존중해주고 지지해 줄 수 있어야 한다. 즉 나 아닌 남을 끌어안을 수 있는 '생산적' 친화력이 있어야 한다."는 표현에서는 지도자의 덕목으로서의 친화력을 강조하기 위해서 의도적으로 생산적이라는 긍정적 표현으로 설득을 더욱 강화하고 있는 것을 볼 수 있다. 생산적이라는 표현도 다분히 자기의 설득적 규정이라고 보아야 한다. 나름의 동성연애에 대한 그리고 지도자론에 대한 입장을 정해놓고 부정적인 경우나 긍정적인 경우나 이를 가지고 상대방을 설득시키고자 하는 것이다. 위의 두 어떤 경우라 하더라도 사실 보도적 성격보다는 임의 규정의 성격을 가지고 있는 것은 분명하여서 이 정의법도 보도적 정의가 아니라 규정적 정의의 하나이며 설득의 목표가 있어서 특별히 설득적 규정적 정의라고 부를 수 있는 것이다.

4. 더 생각할 문제

정의

1. 외연적 정의
2. 내포적 정의
   - A. 사실 보도적 정의
     - 1) 사전적 보도적 정의
     - 2) 학문적 보도적 정의
     - 3) 역사적 보도적 정의
       - ① 사전적 역사적 보도적 정의
       - ② 학문적 역사적 보도적 정의
   - B. 임의 규정적 정의
     - 1) 임의적 규정적 정의
     - 2) 제한적 규정적 정의
     - 3) 설득적 규정적 정의

그런데 여기에는 더 생각할 문제가 있다. 정의(定意)는 단어 사용의 규칙의 설명이다. 즉 단어 사용을 통제하고 있는 규칙과 조건을 설명하는 것이기 때문에 표준적 정의를 위해서는 극복해야 할 또는 피해야 할 함정이 있다는 것이다. 첫째, 우선적으로 사용되는 언어들이 모호하거나 불투명하여서는 안 된다. 너무 수사적이고 감정적인 것도 안 된다. 모호함 애매함 불투명 불분명 따위는 정의함에 있어서 모두 결코 허용되지 않는다.

둘째, 다음으로는 정의가 너무 열려 있어서도 안 되고 너무 닫혀 있어도 안 된다. 정의가 너무 광범하여 다른 의미가 개입하여 혼돈을 줄 수 있어서는 안 될 것이고, 정의가 너무 협소하여 포함되어야 할 의미까지 빠트릴 수 있는 위험을 주어서는 안 될 것이기 때문이다. 예를 들어 미학이론으로서 예술제도론자들은 예술은 곧 예술세계요, 예술시장이요, 예술제도라고 주장한다. 예술세계가 예술시장이 그리고 예술제도권이 인정하는 것은 모두 예술품으로서 가치를 인정받는다고 한다면 얼른 듣기에는 거의 모든 것이 예술일 수 있으리라는 착각을 줄 수도 있다. 그러나 반대로 미술품은 국립미술품심사위원회의 심의를 거쳐 통과된 경우만 미술품일 수 있다고 정의하려 한다면 또한 너무 제한적으로 정의를 하게 될 것이기 때문이다.

셋째, 나아가 정의함에 있어서 흔히 빠지기 쉬운 함정 중 하나로, 일찍이 우리가 오류에서 순환논리의 폐해를 지적하였듯이, 정의의 순환성이다. 정의하려는 내용이 부분적으로 또는 통째로 반복되면서 의미의 진전을 이루지 못하는 경우다. 부분적 순환도 경계할 것이지만 전반적 악순환(vicious circle)은 절대 안 된다. "철학은 인간의 궁극적 문제들에 대한 철학적 성찰이다." "예술은 예술이론의 분위기요 예술역사의 인식이며 예술세계의 이해다." "언급될 수 없는 것은 언급될 수 없다." 등은 모두 피해야 할 일종의 악순환적 순환논리(circular reasoning)다. 오류이지 않겠는가. 무엇을 정의한다는 것은 상대방에게 단어의 의미를 설명하는 것을 목표로 하기 때문에 그 의미의 중요한 부분에 대해서 상대방이 이미 잘 이해하고 있는 것으로 간주하는 것은 심각한 논리적 실수다.

5. 토론할 주제들

1) 다음과 같은 의문점을 생각해보자. 크게 외연적 정의와 내포적 정의의 구분에서 제 3의 구분은 없을까? 또 작게 보도적 정의와 규정적 정의에서 제 3의 구분은 없을까?

2) 내포적 정의는 보도적 정의와 규정적 정의로 나누었다. 그리고 보도적 정의는 세분하여 다시 사전적, 학문적, 역사적 정의로 나누었으며, 규정적 정의는 세분하여 다시 임의적, 수정적, 설득적 정의로 나누었다. 다음과 같은 정의는 어떤 종류에 속하겠는가?

   a. "이데아(Idea)라는 단어는 약 2400년 전에 플라톤이 처음 사용하였는데 불완전한 현상에 맞서는 완벽한 이상을 설명하는 추상적 형이상학적 실재 개념으로 이후 철학사에서 매우 중요한 위치를 점하게 되었다."

   b. "A set we shall define as any group or collection of entities."

   c. "A definition is a passage that explains the meaning of a word or phrase or other set of symbols or a type of thing."

3) 다음의 정의들은 어떤 이유로 즉 어떤 결격사유로, 있다면, 비판받을 수 있겠는가?

   a. "Money is the root of all evil."

   b. "Philosophy could establish the truth of certain answers to such fundamental questions philosophically: Does God really exist? Can the existence of God be completely proved? How does God deal with the problem of evil in the world? Etc."

c. "Truth is the shadow that existence casts across the realm of essences."

d. "When Andre Bongnam Kim appeared among myriads of participants, dressing himself in an ostentatious manner, everyone applauded him with warm passions. What a flasher!"

e. "I have intense adience sense for Nancy Rockefeller. Adience is too weak to cover the whole meaning of what I intend to."

f. "One day when we were very active in Blind Sees Movement, we were open to the charge of religious blasphemy from church authorities. No one back then helped us save from political and social turmoil. We were really left alone."

g. "2500여년 전 희랍의 궤변론자들(Sophists)은 '힘이 정의다 Mighy is right'라고 소크라테스 플라톤 아리스토텔레스의 주류 연대에 맞서 외쳤다."

h. "옛날 흘러간 노래는 '사랑은 눈물의 씨앗'이라고 호소하더라."

i. "나는 국가는 개인의 철학적 종교적 형이상학적 가치에 대해서는 지나치게 주도나 간섭이나 통제를 해서는 안 되며,

마치 리트머스 시험지의 중성처럼, 중립적 입장을 견지하는 것이 옳다고 생각한다."

j. "나는 사행성을 부추기는 복권이나 잔인성을 부추기는 격투기나 인위성을 부추기는 미인대회는 인류문명에서 폐지되어야 한다고 생각한다."

제9장 불분명함·불투명함·모호함·애매함

1. 불분명함(vagueness)·모호함(ambiguity)

사실 말과 글을 하고 씀에 있어서 불분명 불투명하거나 모호하고 애매한 것은 극히 피하고 배제해야 하는 것임에는 이견이 굳이 없을 것이다. 일반적으로 상대를 이해시키고 설득하기 위해서는 불분명하거나 모호한 것은 아무런 도움이 되지 못하기 때문이다. 그러나 현실적으로 우리의 언어 사용이 이리저리 분명하지 못한 탓으로 그리고 인간의 언어 자체가 또한 다들 어느 정도 분명하지 못한 구석이 있어서 사람들의 언어소통은 더욱 불분명하게 된다. 그러므로 문제가 되지 않을 수 없다.

그런데 먼저 여기서 용어 사용에 다소 어려움이 있다. 영어에서 'vague'나 'ambiguous'는 일상생활에서나 일반 학문의 토론에서나 의미상 아무 구분 없이 사용하여 특별한 문제가 없다. 필자가 이해한 바로는 문학이야기에서도 역사의 설명에서도 철학의 담론에서도 의미상의 차이 없이 바꿔 사용한다. “찰스 디킨스의 용어 사용에는 다소 ‘vague’한 면이 있다.”나 “셰익스피어가 로미오와 줄리엣의 대화를 의도적으로 ‘ambiguous’하게 처리한 면이 있다.”나 ‘vague’나 ‘ambiguous’의 그 사용에 특별한 차이가 있을 것 같지 않다. 또 “His statement was considered very vague last night.”나 “Bishop Berkeley on the existence of matter is normally regarded as more ambiguous than Bertrand Russell’s.”나 ‘vague’와 ‘ambiguous’의 그 사용에 큰 차이가 있을 것 같지 않다.

그러나 논리학에서는 상황이 다르다. 보다 엄격한 구분을 요한다. 즉 ‘vague’는 한 용어가 정확도가 떨어져 불분명하다는 것이다. 즉 길이나 크기나 밝기와 같은 단계나 등급이나 비율을 따라서 보았을 때 그 용어가 어느 지점을 가리키는지 분명하지 않아서 불분명한 것이다. 그와 달리 ‘ambiguous’는 여러 가지 가능한 해석 중에서, 그 각각의 해석은 나름대로 분명할 수 있어도, 어떤 것이 그 상황에서 정확히 맞아 떨어지는 해석인지 애매모호해서 불분명을 낳는다는 것이다. 즉 다른 각도의 문맥에서 보면 다른 의미를 갖게 되어서 애매모호하다는 것이다. 그러니까 결국 ‘vague’와 ‘ambiguous’는 엄밀히 말하자면 서로 바꿔 쓸 수 있는 동의어가 결코 아니다. 논리학에서는 기실 많이 다르다.

게다가 한글 우리말로서는 어려움이 하나 더 있다. ‘vague’나 ‘ambiguous’에 대해서 위의 구분을 다 갖춘다고 해도 여전히 불분명한, 불투명한, 애매한, 모호한 등등의 아무 표현이 다 들어맞을 것 같아서이다. 그래서 애석하게도 어느 용어가 ‘vague’에 맞다

던지 또 'ambiguous'에 더 들어맞다던지 말할 수 없다. 그런 어려움이 있다는 것을 알고 일단 편의상, 또 안전을 기하기 위해서, 영어로 'vague'와 'ambiguous'를 계속 쓰기로 한다.

2. 불분명함 · 불투명함(vagueness)

용어가 적용될 수 있는 것인지 적용될 수 없는 것인지 불분명한 경계의 영역이 있다면 그 용어는 일단 vague하다. 그래서 vagueness는 경계(境界)가 불분명한 것이 가져오는 불분명으로서의 불분명 vagueness as fuzziness이 가장 전형적인 것이고 일반적인 것이다. 그리고 양(量)과 형(型)의 불분명도 있고 도리어 때로는 뜻밖에도 피하고 꺼리기보다는 되려 의도적(意圖的)으로 환영해 사용하는 불분명이 있을 수 있다. 퍼지논리fuzzy logic라는 것이 있는데 자연언어의 불투명함을 정량화하려는 사고방식으로 불투명 속에서 자체적 해석력을 구현하려는 노력의 일환이다. 일반 세탁기에 퍼지 기능이라는 것도 일종의 불투명의 한계 안에서의 자동 세탁 능력이라고 말할 수 있다.

1) 경계의 불분명(vagueness as fuzziness)

먼저 경계의 불투명을 검토해 보자. bald나 old나 rich나 religious 같은 단어는 어떤가? 머리에 머리털이 가득 있는 경우라면 누구도 대머리라고 하지 않겠지만 또 머리에 아예 털이 없어서 씻어 놓은 감자처럼 된 머리는 누가 보아도 대머리라고 하겠지만 양옆만 머리가 있다든지 머리 윗부분만 텅 비어 있는 경우는 쉽게 말할 수 없을 것이다. 그렇다면 대머리라는 단어는 불분명한 단어다. 늙은이라는 단어도 만만치 않다. 어디서부터가 늙은 사람에 해당하는가? 20대나 30대를 늙었다고는 안할 것이다. 60대나 70대는 늙었다고 할 것 같다. 그러나 40대나 50대는 어떠한가? 얼른 답할 수가 없을 것이다. 또 어떤 사람은 30대도 늙었다고 하고 어떤 사람은 60대도 아직 젊다고 한다. 또 다른 어떤 사람은 건강수치는 빼고서 이런 나이 숫자로만 젊고 늙음을 말하는 것은 별 의미가 없다고 반박한다. 이렇게 보면 늙은이라는 단어도 상당히 불분명하다.

부자라는 단어 역시 불분명하기는 마찬가지다. 10억을 가지고 있으면 부자인가, 20억은 있어야 부자인가, 그래도 30억 정도 가진 사람부터 부자라고 부를 것인가? 이 역시 불분명하다. 또 종교적이라는 단어는 어떤가? 어떤 종파를 가지고 매주 또는 정기적으로 교회나 사찰에 나간다면 그를 종교적이라 하기에 부족하지 않을 것이다. 그러나 종교파에서 세례는 받았으나 교회에 열심히 나가지 않는 사람은 어떤가? 반대로 종교집단에 소속은 아니 되어 있어도 늘 종교서적을 읽고 그 교리정신에 따라서 살려고 노력하는 사람은 어떤가? 또 이런 형식적인 것하고는 아무 상관없이 종교적 사랑을 실천하기에 정성을 다하는 사람은 종교적 또는 신앙적이라고 말할 수 없을까? 불분명하다는 점에서는 종교적이라는 용어가 위의 다른 경우에 비해 결코 뒤질게 없다. 물론 우리가 일상생활을 하면서 그 사람은 대머리라거나 늙었다거나 부자라거나 종교적이라고 표현해서 불투명한 탓으로 소통에 특별한 불편이 있으리라고는 생각하지 않는다. 그만큼 우리의 일반 삶 속에서는 아주 정확한 기준과 구분을 요구하지 않는다고 볼 수 있고, 또 한편으로는 우리가 사용하는 언어가 본래로 거의 모두가 매우 정확한 한계를 두어가면서 사용할 수 있는 것들이 아닌 탓이라고 볼 수도 있다. 그러나 다음에 소개하는 문장들은, 어떤 구체적 상황과 문맥을 고려했을 때, 매우 불분명한 까닭으로 그냥 넘어가기는 어려울 것이다:

> 이번 開化工程美術의 인턴연구원을 채용하는 데 있어서 '몸과 마음이 단정한' 사람이 아니라면 학력과 경력에 상관없이 면접시험에서 모두 탈락시키도록 하시오.

> 신입사원 중에서 체중 과다나 미달인 사람들은 우선 그들이 '적정' 체중을 유지할 때까지 해당 부서에 배치하는 것을 보류하라는 회사 사장의 특별 명령이 떨어진 것은 사원 합격 발표 바로 다음 날 이었다.

> 살인범 중에서도 '일급' 살인 행위를 저지른 사형수들은 이 해가 다 가기 전에 사형집행을 하도록 정부가 결정한 것은 최근 잔혹한 연쇄 살인이 시민들에게 가져다준 공포심 탓이 크다고 보겠다.

일종의 해결책은 이러한 경우들이라면 따옴표를 써서 강조한 용어들이 가지는 불투명함을 줄일 수 있도록 해야 한다. 그렇다면 불투명을 제거하려는 방법 중에서 우리가 얼른 생각할 수 있는 것은 지난 제8장에서의 정의(definition)를 공부할 때 고찰하였던 제한적 수정적 규정적 정의의 방법론(modifying precising stipulative definition)이다. 말하자면 좀 더 상황에 들어맞게 제한하는 그리고 수정하는 방법을 써서 나름대로 규정하여 맞닥뜨리는 불분명을 가능한 한 줄여보자는 노력이다. 보다 확실성을 추구하는 것이다. 그렇다면 다음은 취지에 맞게 수정된 것이다:

> 이번 개화공정미술의 인턴연구원을 채용하는데 있어서는 첫째, 몸에 문신이 있거나 쓸모없는 장식물을 과다 패용하거나 너무 현란한 복장을 착용하는 사람과, 둘째, 사회 부조리와 부정의에 공분할 수 있는 일정의 공정성과 정의감을 갖지 못하는 자는 학력과 경력에 상관없이 최종 합격에서 제외시키도록 하시오.

> 신입사원 중에서 체중이 남자의 경우는 자기 신장에서 100~ 110을 뺀 범위 밖에 있거나 여자의 경우는 자기 신장에서 110~ 120을 뺀 범위 밖에 있는 사람들은 체중의 적정 범위를 벗어났다고 판단하고 모든 부서 배치를 보류하라는 회사 사장의 특별 명령이 사원 합격 발표 바로 다음 날 내려졌다.

> 살인범 중에서도 근친족 즉 부모 자식을 살해한 자나, 이유 없이 살인을 저지른 자나, 상습적으로 반복하여 사람을 죽인 자는 소위 일급 살인자로 간주하고 현재의 빈번한 살인 행위로 흉흉해진 민심의

동요를 생각하고 그 안정을 위해서 이 해 안으로 전부 사형을 집행하기로 정부가 전격적으로 결정하였다.

말하자면 이런 노력을 통해서, 어느 정도의 언어의 불분명성과 어느 정도의 언어 행위의 불투명성을 감안하여, 우리 언어 사용의 불투명과 불분명을 상당 부분 극복해 갈 수 있다.

2) 양과 형의 불분명(vagueness of quantity and type)

양과 형이 불분명한 것도 흔하고 문제다. 우선 양의 경우를 보자. 정육점에 가서 이완용이 '고기 한 두어 근 주세요.'라고 한다면 가게 주인은 무슨 고기로 정확히 몇 근 또는 몇 kg을 원하는지 완용의 주문에 매우 궁금해 할 것이다. 무엇보다 완용의 말은 너무 포괄적이어서 너무 불투명한 것이기 때문이다. 대충 주고받아도 문제되지 않는 상황이 아니라면 "양고기 한 근 주세요."라고 하여야 한다. "미국 대륙은 참 광활하다."고 말하는 것도 누구에게나 그냥 통할 수 있겠지만 좀 더 정확한 것이 요청될 경우가 있을 수 있다. 적어도 '한반도의 약 40배의 크기'라든지, 좀 더 정확히는, 지도 제작자에게는 필시 그러할텐데, '약 983만 평방 킬로미터의 넓이' 따위가 요구될 것이다.

필자가 처음 미국에 갔을 때 그 첫인상을 "미국은 한국에 비해 더 크고 더 잘살고 더 조용하다."고 기록해 두었는데 논리학의 관점에서 보면 불분명의 연속이다. 또 과거 월남전쟁에 참여한 후 귀국하는 우리 장병들을 환영하는 시가행진에는 수많은 인파가 북적였다고 전하는 신문방송 기자가 크게 문제될 것은 없다 해도, 좀 부지런한 기자라면 대략 집계된 수로 약 20만의 인파가 모였다고 기사화하는 것이 도리일 것이다.

그러므로 한편으로 특정한 경우에 불분명하여 받아들일 수 없는 단어도, 위의 예처럼 북적거리다, 광활하다, 두어 근 등에서처럼, 다른 일반 경우에는 받아질 수 있음도 알 수 있다. 또 더 나아가서 위처럼 나름의 계량화가 불가능한 경우라면, 그런데 불투명을 줄이려는 즉 바꿔 말하면 정확도를 높이려는 우리의 노력이 멈출 수 없다면, 흔히 상호비교의 방법이 동원되기도 한다. 일찍이 18세기 영국을 살다간 흄(David Hume)이 인식은 비교에서 온다고 하지 않았던가! "내가 보기에는 폴 뉴먼보다는 로버트 레드포드가 더 매력적이다."라든지 "중국 사람보다 일본 사람이 더 친절하다."라든지 "서양인이 동양인에 비해서 타인에 덜 배타적인 것은 서양역사에서 쉼 없었던 민족의 이동과 교류와의 차이에서 그 원인을 찾을 수 있다." 따위가 될 것이다.

그러면 사랑의 크기나 정도는 어떻게 전달하면 좋겠는가? 팝송 가사는 "내가 말할 수 있는 이상으로 그대를 사랑한다. I love you more than I can say."고 비교적 표현을 쓰기도 하고, 계몽기의 시인 윌리엄 블레이크는 그의 묘비명에서 차라리 "그대 사랑 내게 말하려 애쓰지 마오, 사랑은 영원히 말 못하는 것... (Never seek to tell me thy love, love that never told can be...)"라고 말한다. 말하지 않는 것을 불투명하다고는 못하지 않겠는가. 20세기 분석철학계의 선봉장 루드비히 비트겐슈타인은 말하고자 하는 개념에 분명하지 못하다면 침묵하라는 경고를 서슴지 않았다: "If it is not clear, be silent!"

또 형태의 경우도 양의 경우와 크게 다르지 않다. 예를 들어 어느 수묵화 화가가 자기 수련생에게 "붓을 몇 자루 사오시오."고 했다고 하자. 그러나 아무 붓이나 좋다면 모를 것이되, 그냥 붓이라고 하면 너무 일반적이어서 많은 종류의 붓을 가리킬 수 있다. 말하자면 세필붓이거나, 일반 중형 붓이거나, 대붓이거나, 아니면 붓펜이거나 사용 용도에 따라서 여러 가지가 추천될 수 있다. "나는 지금 A4 용지 크기의 장지에 아주 작은 글씨로 당나라 시인 백거이(白居易)의 비파행(琵琶行)과 이백(李白)의 촉도난(蜀道難)과 왕발(王勃)의 등왕각시서(藤王閣詩序)를 필사하고자 하니 세필붓을 세 개 사오라." 라고 주문하는 것이 더욱 정확하다.

또 "이번 시합의 우승자에게는 차가 한 대 상으로 주어진다."고 한다면 이것 역시 차의 형태가 다양해서 불분명을 가져다주기에 충분하다. 쏘나타나 SM5나 에쿠스와 같은 세단의 승용차인지 랭글러나 체로키나 디스커버리 같은 지프인지 봉고와 같은 밴인지 알 수 없다. 어떤 유형의 차가 부상으로 주어지는지 분명히 하여야 한다. 그러므로 "이번 시합의 우승자에게는 2014년 신형 체로키 5.0 차가 한 대 상으로 주어진다."고 분명히 하여야 한다.

3) 의도적 불분명(deliberate vagueness)

또 좀 더 궁구하다보면 지금까지와는 상황이 사뭇 다른 경우도 있을 수 있다. 여태껏 불투명을 염려하였고 그래서 가능하다면 그 불투명을 극복하고자 여러 가지로 방도를 강구해왔던 것 하고는 달리 도리어 불투명을 적극적으로 활용하려는 경우를 생각해 볼 수도 있다. 공교롭게도 여기서는 불투명하다는 것이 인간 언어가 내재한 한 유용한 특징이 되어 있다. 소위 의도적 불투명이라는 것이다.

어떤 사람으로부터 오늘 저녁에 음악회에 가자는 초청을 받았을 때 상대방의 마음을 상하게 하지 않으면서 정중하게 거절하기 위해서는 다소 불분명한 표현이 기대된다. "죄송합니다만 하필 그 시간에 저의 다른 일정들이 좀 있어서요."라고 표현할 것이다. 대학 당국으로서는 신입학 학생들의 분포가 가정의 자산에 있어서도 다양한 계층에 널려 있고 지역적으로도 고르게 되어 있는 것이 그리고 이념적으로도 광범한 구성이 바람직한 탓으로 대외 공식 발표에서는 일부러 "(구체적 분포의 비율을 밝히기보다는) 이번 우리 대학의 신입생들은 사회 각계각층 각양각색을 다 망라하는 집안의 아들딸들로 구성되어 대학의 본질인 다양성을 바탕으로 한 인적 구성에 비추어 매우 바람직하다."고 발표할 것이다.

또 청원서나 계약서나 합의서 따위에서는 가능하면 논란적이거나 충격을 줄 수 있는 용어를 쓰지 않고 긍정적인 표현으로 상대방의 동의를 끌어내려 할 것이다. 특히 나라와 나라 사이에서는 극도로 신중하게 고른 외교적인 표현들이 총 동원된다. 상대국을 자극할 표현이어서도 안 되고, 자국에게 당장이나 미래에 손해가 될 표현이 들어가서도 안 되며, 언필칭 국격을 떨어Em리는 표현이 있어서도 물론 안 된다.

예를 들면 최근에 미국이 대만에 요격미사일과 헬기 등 첨단 무기를 판매한 것을 두고 중국 당국이 미국을 맹비난했다. 중국과 미국의 양국의 선린관계를 해치고 중국과 대만의 통일에도 도움이 안 되는 처사라고 쏘아부쳤다. 그러나 미국의 대응은 조심스럽고 차분하고 우회적이다. 외교적 의도적 불투명성의 극치라고 볼 수 있다. "미국의 대만에 대한 무기 판매는 계약에 따른 미국과 동아시아의 안전을 위한 조처일 뿐이다. 미국은 중국과 앞으로 여러 가지 중요한 국제문제에서 서로 협력하여 잘 해결해 나갈 것으로 기대한다."고 짤막하게 말하고 있다. 사실 냉정하게 표현하면 "우리 미국은 미국의 국익을 추구한 것이다. 대만과는 이미 부시행정부 시절에 무기거래 조약을 맺었다. 이번 판매는 그 이행일 뿐이다. 또 중국이 무리하게 동아시아에서 주변국을 무시하고 팽창하려는 것도 동의 못한다. 미군의 아시아 재배치도 고려할 것이다. 그것은 우리의 이해관계와도 맞닿아 있기 때문이다. 서로 함께 풀어야 할 여러 가지 문제가 산적해 있는데 화만 내지 말고 그거나 풀도록 하는 것이 너희에게도 좋을 것이다."는 내용이다.

과거 미국과 소련 사이의 무기 감축에 관한 양국의 조약서에도 '많은 감축(substantial reduction)'과 같은 매우 애매하고 아주 완곡한 표현들이 자주 등장했던 것도 의도적인 불분명을 통해서 외교적 이익을 추구하려했던 서로간의 자구적 행위였다. 또 최근의 한국과 미국의 FTA의 합의서나 그 이후의 한미양국 정부의 표현들도 이런 의도적 불투명을 이용하고 있다. 양국이 서로 최선을 다했다든지, 윈윈하는 발전적 동의서라든지, 이로써 한미양국은 영원한 동맹임을 천명하였다는 따위는 바로 그런 것들이다.

3. 모호함·애매함(ambiguity)

1) 단어의 모호함(word ambiguity)

단어가 모호하다고 하는 것은 반복하건데 단어의 의미가 불분명하다는 것과는 다르다. 모호한 단어라는 것은 적어도 두 개 이상의 구분되는, 겹치지 않는, 의미가 있는 경우로 그 단어에 의미를 적용하는 데 애매함이 있는 경우다. "이 책은 딱딱하다."라고 하면 모호하다. 첫째는 책이 정말로 돌이 단단하고 딱딱한 것처럼 부드럽지 않아서 책장이 잘 넘어가지 않는다는 의미일 수 있고, 둘째는 책의 내용이 철학이 때때로 어려워 난해한 것처럼 어려워서 파악이 잘 안 된다는 의미일 수도 있기 때문이다.

또 "조용필은 훌륭한 축구 선수이기 때문에 조용필은 훌륭한 사람이다."라고 한다면 첫 번째 훌륭한은 기량이 뛰어나다는 의미일 것이고 두 번째 훌륭한은 도덕적 인격적 자질이 뛰어나다는 의미일 것으로 두 가지 의미가 혼돈되어 있어서 역시 모호하다. 이처럼 한 단어가 두 가지 이상의 의미를 가지고 있고 그 단어가 사용된 상황에서 어떤 의미를 의도하는지 분명하지 않은 경우에는 단어의 모호함이 생겨난다. 그리고 이와 같이 구분되는 의미를 같은 의미로 잘못 파악하여 저지르는 주장하기를, 밀(J.S. Mill)을 필두로, 특별히 모호함의 오류(the fallacy of equivocation)라고 불렀던 것을 독자는 기억할 것이다. 물론 더욱 더 필요한 확실한 정보를 제공하게 되면 이 모호함은 해결된다.

2) 지칭의 모호함(reference ambiguity)

또 "뒷집에 가서 잔디 깎는 기계를 좀 빌려 오너라."하면 뒷집은 어디에서 본 뒷집인지 자세하지 않고 혹 방향이 정해져도 바로 뒷집인지 한 채 건너 뒷집인지도 가리킴이 불명확하다. "자국 내에서는 일당 독재로 국민의 인권이 심각하게 유린되고 주변국과는 끊임없는 외교권분쟁을 일삼는 나라가 국제질서를 주도하는 강국이 되어서는 결코 안 된다."고 한다면 이 또한 지칭은 명확하지 않다. "그 세미나에서 너무 자주 그리고 많이 떠들어서 모든 구성원의 동등한 토론 참여권을 침해하고 사용화(私用化)한 사람은 앞으로 발언권을 제한해야 한다."라고 했을 때 그 가리킴이 한 사람 이상을 가리킬 수 있게 해석될 수 있어서 애매모호하다면 이는 지칭의 모호함이라 부를 수 있다. 사실 이 말을 듣는 사람이 모호함 없이 이해할 수 있으리라고 발언자는 말을 했을 가능성이 크다. 그러나 이런 모호함이 있었다면 더 명확한 정보를 줌으로써 이 모호함도 또한 해결된다.

3) 문법의 모호함(grammar ambiguity)

또 언어의 문법의 구조상 문장이 모호함을 불러일으키는 수도 있다. 말하자면 문장이 문맥상 다의 해석이 가능해서 모호하기도 하고 문법구조가 한 가지 이상으로 해석하는 것을 가능하게 하여 문장의 모호함을 유발할 수 있다. 이를 두고 문법의 모호함이라 이라고 한다. 영어에 "All philosophers are not hardheaded."는 "모든 철학자가 고집스런 것이 아니라 융통성이 있다"는 뜻도 되겠지만, 우리가 영문법에서 배운 소위 부분 부정을 따라서 '철학자가 모두 다 고집스런 것은 아니다'로 해석될 수도 있다. 문법상의 문제다.

또는 '$P \wedge Q \supset R \equiv P \supset Q \supset R$'는 '$[(P \wedge Q) \supset R] \equiv [P \supset (Q \supset R)]$'인지 아니면 '$[P \wedge (Q \supset R)] \equiv [(P \supset Q) \supset R]$'인지 아니면 '$[(P \wedge Q) \supset (R \equiv P)] \supset (Q \supset R)$'인지 해석이 모호하다. 짐작컨대 화자는 첫 번째 해석으로서 과거 타당한 도출의 규칙을 배울 때의 수출 또는 내보냄(exportation)의 설명을 마음에 두었을 것이다.

또 수학적 표현에서 '2×3+6'도 '(2×3)+6'인지 '2×(3+6)'인지 불분명하다. 전자의 해석이라면 12가 될 것이지만 후자의 해석이라면 18이 되지 않겠는가. 수학을 전공한 사람이라면 원칙적으로 곱셈이 덧셈에 우선하므로 아무 모호함을 낳지 않는다고 말할 수 있다. 물론 그런 경우라면 이 예는 문법이 가져다주는 모호함의 적절한 예가 되지 못한다. 한결같이 전자의 해석 '(2×3)+6=12'로만 해석할 것이기 때문이다. 그러나 수학 외에서는 말하자면 문학, 사학, 철학 그리고 사회 일반에서는 그런 원칙이 통용되지 않는다면 이 예는 여전히 유효하다.

4. 불투명과 애매함을 재고하면서

물론 여기까지 와서는, 짐작할 수 있는 일이지만, 알아두어야 할 것이 있다. 첫째, 일반적으로 모호함이라는 것이 꼭 단어의 의미나 단어가 가리키는 방식이나 문법적 구조만이 문장을 모호하게 하는 것은 아니며 즉 그 외에도 인간 표현에는 모호함을 야기하는 경우는 얼마든지 더 있을 수 있다는 것이다. 둘째, 어느 한 가지 모호함은 동시에 다른 모호함에도 연결될 수 있음을 알 수 있다. 위의 예들은 사실 어느 정도는 여기 저기 다 해당된다고 볼 수도 있다. 서로 배타적이지 않다는 말이 되겠다. “이 책은 딱딱하다”를 일어쌍관이라 하여 단어의 모호함의 경우로 분류하였지만 딱딱하다는 단어가 쌍관 어느 경우라도 경계가 불투명한 것으로도 볼 수 있을 것이다. 어느 정도 단단한 것부터 딱딱한 것으로 간주할 것이냐, 또 어느 정도 해득하기 어려운 경우부터 딱딱한 문장으로 이해할 것이냐 하는 등의 문제는 족히 경계가 불투명한 경우가 된다. 어쨌거나 이런 모호함을 제대로 파악하기가 쉽지 않은 것이 문제다. 다시 말해서 문장이 의도하는 바를 바로 파악하지 못함이 문제이나 역시 지속적 훈련에 의존하여 애매모호함을 극복하여야 한다.

그런데 또 한편 놀라운 것은 오히려 이런 모호함이 기대되기까지 하는 학문 영역이 아울러 있다는 사실은 우리를 경이롭게 한다. 마치 불분명이 일상생활에서나 사업 전선에서 그리고 국가간 외교 채널에서 용이하게 쓰인 것처럼, 모호함은 시의 언어에서나 희극에서 매우 중요하게 그리고 유용하게 널리 쓰이고 있다. 예를 들어 다양한 의미와 이미지의 상징과 함축과 비유를 생명으로 하는 시의 세계에서 모호성이라는 것은 필수라고 해도 과언이 아니다. 도리어 직접적이고 분명한 것보다는 간접적이고 모호한 표현으로 사람의 심금을 울리는 시작품이 어디 한두 개더냐. 특별히 전통적으로 우리 한시에서 규원시(閨怨詩), 변새시(邊塞詩), 영사시(詠史詩) 등에서 시취는 간접적이기 마련이다.

또한 언어의 우스개jokes나 유희puns나 별난 유머humors에서 언어상의 모호는 중요한 역할을 하고 있다. 인간의 언어는 논리의 일탈을 통해서 이로써 잠시 더 풍요해진다고 볼 수 있다. 논리의 아이러니라 할까. 다음은 옥계원(玉階怨)이라는 이백(李白)의 시다. 궁중의 궁녀가 임금의 사랑을 받지 못함을 절절히 그린 원망의 시인데 정작 원망의 원(怨)자하나 쓰지 않았다.

玉階生白露 옥계생백로　섬돌에 흰 이슬이 생겨나도록 오래 있으니
夜久侵羅襪 야구침라말　밤 깊어 버선에 찬 이슬이 스며든다.
却下水晶簾 각하수정렴　방에 돌아와 수정발을 내리고서
玲瓏望秋月 영롱망추월　발사이로 영롱히 빛나는 가을 달을 바라본다.

5. 더 생각할 문제

우리의 신념과 견해와 원칙과 판단과 경험과 주장 따위를 분명하게 설명하기를 희망한다면, 그리고 남을 바르게 설득시키기를 원한다면, 그리고 때때로 다른 사람들의 다양한 주장들을 바르게 산정하고 싶다면, 우선 우리 언어의 각양각색의 본래적 특성들을 바로 이해하여야 한다. 특히 우리가 사용하는 언어에는 도처에 다양하

게 불분명과 모호함이 깃들여 있다는 것에 더욱 주의를 요한다. 그러므로 어떤 구체적으로 주어진 문맥에서 요구되는 유형의 명석 판명함을 달성하기 위해서 어떤 정의를 사용해야 하는지, 어떤 불분명한 언어를 피해야 하는지, 또 어떤 오류를 경계해야 하는지, 거듭 파악하는 것은 더할 나위 없이 중요하다.

그리고 그런 우리의 노력이 중요한 한편 동시에 우리가 얼마나 불필요한 더 나아가 해악적인 불분명함과 모호함에 무의식적으로 또는 의식적으로 관대한가에도 크게 반성하여야 한다. 이런 관습 따위가 적확보다는 대강이라는 우리 사회에 만연한 사고방식이 정착한 데에도 일조한 것이라고 볼 수 있다. 불투명하고 애매하다는 것은 우리의 일상에서 정확한 의사 전달을 방해하고 또 오해를 낳으면서 더 나아가서 학문과 사회의 발전의 정체와 비경제라는 역기능을 가져오게 된다.

또 차제에 좀 더 생각할 문제로는 다음과 같은 것들이 되겠다. 첫째, 혹 우리말에서 'vagueness'와 'ambiguity'를 구분하여 쓸 수 있는, 알다시피 논리학의 세계에서는 엄격히 구별하는, 용어는 없을까 전방위로 수배해 보자. 실로 바라는 바다. 둘째, 불분명과 모호함의 더 많은 예를 찾아보자. 불분명과 모호함을 찾아내는 손쉬운 방법을 더 찾아보자. 불분명과 모호함을 극복하는 더 용이한 길을 모색해 보자. 셋째, 우리가 앞서 배운 정의(定意)가 가장 경계해야 되는 것은 불분명과 모호함의 대상이 되는 것들이라고 말할 수 있겠다. 사실적 보도적 정의이거나 임의의 규정적 정의이거나 불분명과 모호함으로부터 자유롭기가 쉽지 않을 것이다. 전 8장과 이 장을 함께 연대해서 분명과 투명의 길을 모색해보자.

6. 토론할 주제들

1) 일단의 회원들이 모여 '개화기 미술품을 통한 나라사랑 연구'라는 프로젝트로 작금 정부가 진작하는 인문학 진흥사업의 일환으로 연구비의 지원을 받고자 한다. 그러나 프로젝트가 정작 그 지원 사업의 범위에 속하는 것인가부터 시작해서 여러 가지 문제가 있을 수 있다. 이 연구회가 지원을 신청하고 수혜하는 데 어떤 구체적 단계적 노력을 경주하여야 좋을지 검토해 보자.
2) 우리가 배운 단어의 모호함과 지칭의 모호함과 문법의 모호함에 모두 동시에 해당될 수 있는, 있다면, 다양한 모호한 경우들을 예시해보자.
3) 다음은 시인 이태백의 싯구다. 이 장에서 공부한 'vagueness'와 'ambiguity'의 문제를 고려해 어떤 평가를 할 수 있을까: "참성도 정성도 숨죽임에 손을 가슴에 얹고 앉아 길게 탄식하는데, 흩날리는 물결 쏟아지는 폭포 다투어 시끄럽고 얼음 조각들 구르는 돌들 온 골짜기에 우레소리네."
4) 밀(J. S. Mill)의 모호함의 오류(the fallacy of equivocation)는 다의의 허위의 오류인가, 문의의 불분명의 오류인가, 합성의 오류인가, 분할의 오류인가?

제10장 합리적으로 수용할 수 있는 가치와 신념과 인식

1. 합리적 인식이란 무엇인가

우리가 어떤 주장을 구하고자 할 때는, 도출적 주장이거나 비도출적 주장이거나, 지금까지 했던 것처럼 가정을 전제하고서 그것을 기초로 해서 결론을 끄집어내는 방식을 취한다. 가정이 완전하게 결론을 보장하는 것을 도모하거나 가정이 결론의 신뢰성을 마냥 높이는 것을 꾀하거나 말이다. 그런데 혹 가져다 쓴 그 가정의 정당성이 우선 필요하게 되면 그 가정을 결론으로 끄집어내기 위해서 그 안에서 또 하나의 다른 주장하기를 펼쳐야 할 것이다. 독자는 기억할 것이다. 그것이 소위 단수주장에 맞서는 복수주장의 방식이었다. 그러나 그런 식으로 가자면 끊임없이 지속적으로 어떤 결론의 가정으로 쓰려는 가정의 정당성을 추구할 것이어서 정작 최종으로 본래 구하고자 하였던 주장을 향해서는 출항 자체가 불가능하게 되고 만다. 그렇다면 우리는 이쯤해서 다음과 같은 아주 중요한 그리고 심각한 질문을 아니 던질 수 없다: "정당성을 의심하지 않고 바로 가정과 전제로 또 추정으로 쓸 수 있는, 즉 논의의 출발점으로 삼을, 문장 명제 믿음 신념 인식 가치 따위는 없겠는가?"

이런 문제로 많이 고민했던 고전 철학자 중의 한 사람이 17세기 불란서의 수학자이며 철학자인 데카르트(Rene Descartes)였다. 그는 눈에 보이는 세상 모든 것의 존재의 정당성을 의심해 보았다. 사람들은 자기 앞의 탁자며 등잔이며 촛불 따위를 놓여 있는 진짜 사물이라고 하지만 그는 사악한 악마(evil demon)가 있어서 사람들을 환영에 빠지게 해서 사람들이 잘못 보게 하여 실재 존재하지 않는데 정말 존재한다고 믿는 것으로 생각해보았다. 그러나 그렇다면 나아가서 결국 세상 것을 의심하는 그 자신도 실제로는 존재하지 않는데 악마가 속여서 존재하는 것처럼 믿고 있는 환상에 불과하다고 주장할 수 있을 것이다. 그러나, 그렇기 위해서는, 우선 악마에 속어 넘어갈 자신의 존재가 있어야 하기 때문에 의심하는 자신의 존재만은 논리적으로 인정하지 않을 수 없다고 고백하였다.

그리고 의심하는 자아를 확실한 자신의 제일철학(first philosophy)이라 부르고 이로부터 나름의 확실성을 확장시켜 나아가고자 했던 것이다. 그의 "나는 생각한다. 그러므로 나는 존재한다(Cogito ergo sum)."는 명언은 이런 사연에서 출발한다. 철학사적으로 데카르트는 그의 체계적 의문의 방법론(systematic methodic doubt)의 힘과 주관적인 것의 확실성(certainty of subjective things)으로 나름의 경지를 확보한 셈이다. 그러므로 이 장의 학습목표는 마치 이와 같은 논의의 출발점의 정당성에 관한 질문에 답하고자 하는 논리적 훈련이 되겠다.

2. 주관적으로 허용되는 명제와 객관적으로 수용되는 명제의 구분

우리가 손쉽게 수용하는 문장이나 신념에는 두 가지 유형이 있다. 첫째, 구체적 어떤 주장에서 주장에 참여하는 당사자들만이 인정하는 그래서 다소 주관적인 또 그래서 그 객관적 정당성을 언제라도 미래에 확보해야 하는 절차가 여전히 남아 있는 가정이나 전제를 주관적으로 허용되는 명제(granted claims)라고 한다. 둘째, 역시 주장에 기초하지 않는 그러나 상대적으로 객관적으로 받아들여지는 문장이나 명제를 객관적으로 수용되는 명제(accepted beliefs)라고 한다. 즉 전자는 구체적 주장에서 일단 토론에 참여하는 양자가 동의하고 합의에 이르기만 하면 허용하는 문장이고, 후자는 주장 없이도 일반적으로 사람들에게 받아들여지고 수용되는 문장이다.

그렇다면, 첫째, 다음과 같은 경우가 주관적으로 허용되는 명제의 좋은 예가 된다: "마리아와 테레사는 출출한데 달콤하고 맛있는 것을 먹기로 하고 그 중 초콜릿을 사먹기로 상호 동의했다고 하자. 그러면 이 전제로부터 두 사람의 목표에 가장 부합하는 것이 어떤 것일까, 예를 들어 마스의 트윅스일까 롯데의 가나일까, 논의를 함께 더 진전시킬 수 있을 것이다." 또 "조선시대 교육정책을 점검하는 어전회의에서 어느 대신이 나서서 아녀자에게는 글을 가르쳐서는 안 된다고 하고 참석한 모든 이들이 특별한 이견이 없다면 당대의 교육론 건설을 위한 출발적 가정으로서는 아무 문제가 없다. 물론 지금 같아서야 이 같은 입장이 더 이상 가정으로 받아들여지지 못하리라는 것은 의심할 바가 아니다." 또 "임진왜란 중 파죽지세의 일본군의 북상 소식을 접하고서 왕조의 안전한 보호를 논의하던 긴급 대신회의에서 일단 선조 임금이 도성을 떠나 피하자는 데 동의한다면 그것은 전쟁 위기에 대처하는 조선왕조의 대책의 출발점이 된다. 결국 국왕 선조는 비가오는 밤에 궁을 떠나 명나라로 도망가려고 압록강가에까지 다다른다."

그리고 둘째, 다음과 같은 경우는 객관적으로 수용되는 명제(accepted beliefs)의 좋은 예가 될 것이다: "$x^2-y^2= (x+y)(x-y)$." "몸과 마음이 추워 움츠리게 되는데 아마 경험상 감기가 들려는가 보다." 또 "일본의 의학자 니시(西式)의 생체 자연치유의 개인 섭생법은 상당한 설득력이 있다. 나도 개인 건강 증진을 위해서 그 방법을 원용할 것이다. 그는 태어나면서부터 허약한 체질이었으나 나름의 독특한 섭생을 통해서 80까지 비교적 건강하게 살았지 않았는가. 약에 의존하지 않고 만병을 고치는 니시의학을 나는 따르겠다."

3. 객관적으로 수용되는 명제

1) 자명해서(self-evident) 수용하는 명제

전술한 객관적으로 수용되는 명제(accepted beliefs)를 이제 본격적으로 검토하고자 하는데 즉각적 수용으로 인정할 수 있는 자원에는 즉 합리적 믿음에 이르는 데는 일단 세 가지 접근이 가능하다. 사실 바로 위에서 의도적으로 적시하였는데, 첫째, 스스로 명백한 즉 자명해서 수용하는 믿음, 둘째, 자신의 과거 경험에 비추어 수용하는 믿음, 그리고, 셋째, 타인의 전문적 권위에 의존하는 탓에 수용하는 믿음 등이 있을 수 있다. 아래에 차례로 소개한다.

자명한 그래서 반드시 참이어서 받아들이는 명제는 말 그대로 그 명제가 스스로 너무 분명하여서 새삼스럽게 우리가 증명할 필요가 없는 명제다. 이런 명제는 명제 자체가 가지는 형식이나 명제를 구성하는 단어들이 가지는 의미 때문에 항상 참이거나 항상 거짓일 수밖에 없어서, 다시 말하면 그 명제 자체를 분석하면 즉 쪼개고 나누어보면 참과 거짓의 본성이 저절로 밝혀진다는 의미에서, 논리적으로 참인 명제라거나 논리적으로 필연적인 명제라는 일반적인 말 외에도 특별히 분석명제(analytic statements)라고 부른다. 그리고 분석명제를 제외한 모든 일반명제를 종합명제(synthetic statements)라거나 우연적인 명제라고 또는 거짓인 명제라고 부른다.

개념적 구분인 분석명제와 종합명제의 이분법은 두 가지 유형의 명제를 구분하는 것이다. 즉 분석명제는 그 형태와 의미만으로 참이나 거짓인 것이 분명해지는 것이고, 그 외 그렇지 않은 것이 종합명제이다. 18세기 독일의 철학자 칸트(Immanuel Kant)가 1781년 그의 저서 순수이성비판(*critique of pure reason*)에서 술부개념이 주어개념에 포함된 명제로서의 분석명제와 술부개념이 주어개념에 포함되지 않는 명제로서의 종합명제를 구분하는 데서 이 철학적 개념의 구분논쟁은 비롯되었다. 그래서 그에 따르면 "All bachelors are unmarried."나 "All triangles have three sides."나 "All bodies are extended, i.e., take up space."는 분석명제이고, "All bachelors are unhappy."나 "All creatures with hearts have kidneys."나 "All bodies are heavy."는 종합명제라는 것이다. 전자는, 결혼하지 않았다는 개념은 총각이라는 개념의 일부이고 세변이라는 개념이 삼각형이라는 개념의 일부이며 확장되거나 넓혀지거나 공간을 차지한다는 개념도 물체의 개념의 일부라는 주장이다.

한편, 후자는, 총각이라는 개념이 불행하다는 개념을 포함하지 않으며 (행복한 총각도 있을 것이 확실하므로), 심장을 가지는 생물체라는 개념이 콩팥을 소유한다는 개념을 포함하지 않으며 (실제로 심장을 가지고 있는 모든 생물체가 신장을 가지고 있다고 해도), 물체라는 개념은 무겁다라는 개념을 포함하지 않는다는 (가벼운 물체도 있고 무거운 물체도 있을 것이므로) 주장이다. 이 칸트(Kant)의 논란적인 입장은 20세기에 와서 다시 거센 공격을 받는다. 특히 1951년 미국의 논리철학자 콰인(W.V.O. Quine)은 그의 논문 「경험주의의 두 도그마Two Dogmas of Empiricism」에서 다음과 같이 구분을 재정비하면서 칸트 구분의 한계를 비판적으로 지적하였다: "분석명제는 사실의 문제와는 무관하게 의미에 기초하는 명제이고, 종합명제는 사실에 기초하는 명제다." 말하자면 콰인은 분석명제라는 개념은 동의어의 반복이라는 개념을 반드시 필요하게 되며 이 개념들은 상호의존적이라는 것이다. 그러므로 순환논리에 봉착하지 않고서 분석명제 개념을 정립하는 방법은 존재하지 않는다고 보고 있는 것이다. 그래서 칸트식 이분법은 설득력이 없다는 것이다. 그러나 아직 결정적 정리가 아니된 마당에서는 분석명제 종합명제 구분의 논쟁은 지금도 여전히 계속되고 있다고 보아야 한다.

논쟁적인 동안은 변함없이 철학적 문제가 되는데 철학은 본래로 속성상 논쟁적인 것만을 다루기 때문이다.

다시 분석명제의 얘기로 돌아온다. 분석명제는 필연적으로 항상 참이거나 필연적으로 항상 거짓이라고 했다. 분석적으로 참인 것을 tautology 즉 항상 참인 항진(恒眞) 또는 스스로 참인 자진(自眞)이라하고, 분석적으로 거짓인 것을 self-contradiction 즉 자기 모순(矛盾) 또는 자가 당착(撞着)이라고 한다. 그러므로 명제의 형식이나 명제를 만들어가는 단어의 의미 때문에 항상 참인 분석명제를 항진적 분석명제(tautological analytic statements)라고 부르고, 명제의 형식이나 명제를 만들어가는 단어의 의미 때문에, 의미상으로 보았을 때, 항상 거짓인 분석명제를 모순적 분석명제(contradictory analytic statements) 라고 부른다.

문장의 내용과 상관없이 구조에 비추어 문장이 항상 참이면 항진이라고 했는데 우선 다음 명제들은 그들의 형식 틀 때문에 분석적으로 참인 경우다:

$P \equiv P$

A rose is a rose.

$P \supset P$

If it is raining, then it is raining.

$P \vee \sim P$

Either to be or not to be.

Philip loves Elaine or he does not.

$P \supset (Q \supset P)$

If there's gold in the mine, then if the prospector finds gold then there's gold in the mine.

그리고 다음 명제들은 명제에 쓰이는 용어의 구조적 의미 뜻 때문에 의미상 분석적으로 참인 경우다.

All bachelors are unmarried.

All triangles have three sides.

All squares have 360° internally.

All bodies are extended.

13 + 12 = 25.

John F. Kennedy is male.

Every event is cause-and-effect.

Cobalt blue things take up space.

Chestnut brown eyes are most common among Koreans.

사실 동의어 반복을 밥 먹듯이 하는 항진이나 자진이 무슨 의미가 있느냐고 항변할 수도 있을 것이다. (tautology를 동의어반복同義語反復)이라고 해석하는 경우가 종종 있는데 적절하지 못하다. 왜냐하면 "A tree is a tree." "A flower is a flower."는 동의어반복인 tautology이지만 "All squares have four sides." "All bachelors are unmarried."는 동의어반복이 결코 아닌 tautology이기 때문이다. 그러나 네 명제 공히 tautologous analytic statements 아닌가.) 항진적 문장들이 논리적으로 참인 것은 이해할 수 있으나 그들이 과연 실제 우리가 살아가는 세상을 향하여 무엇을 말해 주는가 하는 불평이다. 무슨 쓸모가 있느냐는 질문이 되겠다. "나폴레옹이 프랑스 사람이면 나폴레옹은 프랑스 사람이다." 프랑스나 프랑스 사람에 또는 그 밖에 그 무엇에 어떤 것을 생산적으로(?) 말해주고 있는가이다. 또 동의어 반복이 부르는 순환논리가 되지 않겠는가 하는 비판이다. 그러나 그것은 단견이다. 물론 그 반복문장으로만 끝난다면 모르지만 이를 바탕으로 나름의 상당한 논의를 전개해가는 도정에서는 여전히 유효할 것이다. 논리학에서는 여전히 중요하다는 말이다. 그 자체로서 뿐만 아니라 그로부터 수많은 도출과 연관과 연산이 가능해지기 때문이다. 마찬가지로 수학의 명제들은 위의 '13+12=25'에서 보았듯이 모두가 일종의 항진적 분석 문장인데 수학이 의미없는 학문분과라고 할 수는 없지 않겠는가.)

또, 문장의 내용과 상관없이 논리적 구조에 비추어 문장이 거짓이면 자기모순적인데 여기에 두 가지가 있다. 우선 다음 문장들은 그들의 형식 틀 때문에 분석적으로 거짓인 경우다.

$P \wedge \sim P$

It is snowing, and it is not snowing.

$(P \supset Q) \wedge ((Q \supset R) \wedge (P \wedge \sim R))$

If Napoleon is a French then he is a European, and if Napoleon is a European then he is a citizen of the universe, and Napoleon is a French and he is not a citizen of the universe.

그리고 다음 문장들은 그 의미 뜻 때문에 분석적으로 거짓인 경우가 된다.

The woman is masculine.

His widow's brother is feminine.

The east is westerly.

All squares have three internal angles.

All bachelors are married.

All Homo sapiens are canine.

분석적 명제가 항상 참이거나 항상 거짓인 것은 반드시 참이라는 것을 살펴보았는데 이쯤해서 우리가 던져볼 수 있는 기대되는 질문은 종합적 명제도 또는 우연적 명제도 또는 비분석적 명제도 반드시 참인 명제가 될 수 있겠는가 하는 것이다. 사실 이 질문 역시 철학사적으로 칸트가 먼저 시도하였고 그는 긍정적 답을 내놓았다. 반드시 참인 종합적 명제가 가능할 뿐만 아니라 인간 지식의 기초를 제공하는 데 유용하게 쓰인다고 하였다. 그리고 대수 기하 자연과학은 바로 반드시 참인 종합적 명제에 의존하여 사건을 설명하고 해석하고 예측한다는 것이다. 자, 그럼 다음 문장들을 검토해 보자.

5 + 7 = 12.

Every thing is extended.

Every event has a cause.

우선 5+7=12가 참이라는 데는, 소위 상대주의자나 궤변론자나 회의주의자를 제외하고는, 우리 일반은 이견이 없을 것이다. 그러나 그것이 앞서서 얘기한 것처럼 분석적 문장인가에 대해서는 여전히 의문이 생긴다. 문장의 형태상으로 동의어 반복이라고 볼 수는 없고 굳이 5+7안에 12가 내포되었다고 보기도 힘들다. 왜냐면 어떤 사람은 5+7=12라기 보다는 5+7=1+11이나 5+7=3+9로 또는 5+7=13-1로 생각할 수도 있기 때문이다. 말하자면 반드시 참인 것은 인정하지만 분석적 명제라기보다는 종합적 명제라고 보겠다는 것이다. 그렇다면 좀 논쟁적일 수 있다는 생각이 들 것이다. 그 다음 사물이 모두 연장적 확장적인가하는, 즉 면적을 가지는가 하는, 문제나 모든 사건은 이유를 갖는다의 경우는 더 심각하다. 먼저 이 명제들이 항상 참일 수 있는가 부터가 분명치 않다. 사물이 연장적이라든지 사건이 인과관계적이라는 것이 참일지 완벽하게 확신하는 것은 쉽지 않고 더더구나 이들 문장이 종합적이고 우연적이고 비분석적이냐는 정말 단정할 수 없다. 그래서 이런 논쟁은 흥미롭게도 철학계에서 여전히 계속되고 있다. 반복하건데, 속성상 논쟁적인 경우에만 철학적 문제가 될 수 있어서 더 이상 논쟁적이지 않다면 그 문제는 더 이상 철학의 관심사가 아니다.

2) 경험(experience)에 비추어 수용하는 명제

우리가 일반적으로 널리 수용하는 믿음을 주는 원천은 자명한 분석명제만이 아니다. 우리 인간 사유 활동에 필요한 수많은 믿음들이 어찌 몇몇 자명한 명제군에만 의존하겠는가. 소위 자명한 명제 뒤를 잇는 것이 경험이라는 자원이 있다. 그래서 인간은 경험의 동물이라든지, 사서라도 경험을 쌓는다든지, 모든 지식은 경험으로부터 나온다는 등의 언명이 인구회자하는 것이다. 이름하여 인간이 갖는 오감각에 의존하는 우리의 경험은 합리적 신념을 확보하려는 인간의 인식 활동에 지대한 도움을 주고 영향을 끼치게 된다. 다음은 개인적 경험이 지지해주면서 받아들이는 몇 가지 믿음의 예가 된다.

미각의 예 : 미국 조지아주에 이런게 있다니, 이것은 일종의 토란(taro)이다. 내가 어렸을 적에 꽤 오랜 시간 지리산 자락에서 맛을 보아 잘 알고 있다.

청각의 예 : 저 음은 소학교 때 배운 것이다. 본래가 미국의 포스터(Stephen Foster)의 포크송인 줄은 진정 난 미처 몰랐다.

후각의 예 : 냄새로 짐작하건데 집에 어딘가 다량의 가스가 새고 있다. 빨리 119에 신고하는 것이 옳을 것이다.

촉각의 예 : 이 흥선대원군의 총란도에 대해서 그 감정평가단이 견본 채색이라고 설명한 것으로 되어 있지만 나의 촉감으로는 100% 비단이 아닐 것이다.

시각의 예 : 이 서예작품은 유감스럽지만 고균 김옥균의 작품으로 볼 수 없다. 보건데 일기가성 일필휘지하는 글씨 수준으로도 또 글씨체의 유사 동일성에 비추어보아도 매우 의심스럽다. 그리고 여기 찍힌 낙관도 사대부들의 서예 관행에 견주어 보았을 때 품격이 없어 보이며 또 무엇보다도 그는 두인을 쓰지 않는다.

이처럼 우리는 우리의 감각기관의 기능에 많이 의지하면서 살아간다. 특히 이 중에서도 시각의 힘은 아주 막강하다. 그래서 시각과 관련된 표현은 우리 주위에 교훈적으로 부지기수다. 영어의 표현 몇 개를 보자: "Come see it." "To see is to believe." "See for yourself." "I'll believe when I see it." "Everyone will see death." 심지어는 미국의 어느 주(Missouri)는 주의 애칭이, 자동차 번호판에 쓰여 있는 바, "Show Me State"인 경우도 보았다. 우리 속담에도 "몸이 1000 냥이면 눈이 900 냥이다."라는 말이 있다. 백 번 듣는 것이 한 번 보는 것만 못하다고 하여 "백문불여일견(百聞不如一見)"이라고도 한다. "보기 좋은 떡이 먹기도 좋다"고 한다. 또 한시에서는 그 시의 가장 핵심이 되는 글자를 '시안(詩眼)' 즉 시의 눈이라고 한다. 화룡점정(畵龍點睛)이라 할 것이다.

그렇지만 우리의 경험이 다 신뢰할 만한 것은 물론 아니다. 또한 다섯 가지 감각이 항상 언제나 제 기능을 잘한다고 볼 수는 없을 것이기 때문이다. 그렇게 믿는 시각이라 해도 자신이 처한 환경에 따라서, 즉 색깔안경을 썼다거나 주위가 매우 어둡다거나 심한 근시라면, 사물을 제대로 보지 못할 것이기 때문이다. 또 충분한 지식이 없어도 바른 경험을 할 수 없게 될 것이다. 천문학에 대한 공부가 전혀 되어 있지 않는 사람은 밤하늘에 보는 별빛이 때로는 은하계로부터 수억만 년을 여행하여 지구에 이르는 빛이라는 것을 쉽게 깨닫지 못할 수 있다. 또 여러 가지 이유로 심정적으로 거부하고 있는 경우라면 본질을 파악하는 데는 편벽되기 쉽다. 비근한 예로 한의학의 과학정신을 우습게 보는 사람은 한의사의 침술 따위를 무시하기 쉽고 그 의의나 효과를 간과하기 십상이다. 한방병원에서 효과를 거두지 못하는 사람 중에는 이런 사람들이 꽤 있다고 듣는다. 이와 같이 경험이 합리적 믿음과 인식에 없어서는 안 되는 필수불가결의 자원임에는 틀림없지만 본인이 처하는 환경이나, 그가 가지는 지식이나 관심에 따라서, 경험을 통한 인식이라는 것은 크게 훼손될 수 있다. 그러므로 경험을 사용함에 있어서는 항상 주의하고 경계하는 신중함을 잊어서는 안 된다.

3) 타인의 전문적 권위(expertise authority)에 의존하여 수용하는 명제

우리가 특별한 검증 없이 수용하는 믿음에는 나의 경험 외에도 남의 경험을 기초한 것이 있다. 차라리 남의 경험에 의존하는 것이 비율적으로 훨씬 많을 것이다. 특히 자신은 확보하지 못한 전문성을 가지고 있는 남의 경험을 활용하는 경우다. 앞에서 지적하였듯이 사람이 살아가면서 일정 부분은 자기 경험을 통해서 얻는 것이 가능하지만 상황에 따라서 사람에 따라서 다르겠지만 아마도 우리 지식의 99% 이상은 우리의 직접 경험을 통하지 않는다. 직접 경험을 통해서 필요한 원만한 지식을 확보한다는 것은 현실적으로 불가능하고 또 여러 가지 측면에서 보면 효과적이지도 않다. 비록 자신은 가지지 못한 그러나 상대는 가진 그런 전문성을 확보하고 활용한다는 것은 그래서 지극히 당연하고 바람직하다. 소위 다른 사람의 권위에 의존하는 경우다. 즉 전문가인 타인에 신뢰를 주어 의지하는 경우다.

예를 들어, 뉴욕타임스에 실린 어느 의학체육과 교수가 제안하는 여성 중년건강을 위한 운동슬로건과 운동수칙을 원용하는 것은 신문으로서의 뉴욕타임스와 뉴욕타임스가 추천한 교수나 의사의 권면을 신뢰할 만하다고 판단하고 활용하는 것이 된다. 정신과 육체에 관한 상관관계에 대한 르네 데카르트의 전문성을 활용하여 보고서를 작성하는 것도 마찬가지로 효과적이다. 데카르트가 일구어 둔 정신과 육체에 대한 지식을 갖다 쓰는 것은 그의 수준 있는 전문성에 대한 신뢰가 있기 때문이다.

또 유명한 치과의사가 TV에 나와서 사랑니에 관하여 얘기하면서 "사랑니를 뽑고 아니 뽑고는 본인이 결정하면 된다. 치과학의 선호는 현재로서는 정확히 없다. 즉 여러 모로 불편하면 뽑고 아무 지장이 없으면 그대로 두는 것이 좋겠다."면 우리 일반 다수는 그의 의견을 대체로 존중할 수 있다. 또 종교 윤리학자가 나와서 낙태가 가지는 부정적이고 훼손적인 의미와 문제점에 대해서 견해를 피력했을 때 그의 입장을 채택하여 여러 가지로 실용할 수 있을 것이다. 또 소 돼지 양에 생기는 유행병 구제역이나 조류인플루엔자의 예방과 치료에 관한 정보를 권위 있는 수의학자로부터 얻어낼 수 있을 것이다.

물론 이 경우도 우리가 경계해야 할 점은 여전히 있다. 우리들 자신의 경험에서처럼 전문인의 견해조차도 잘못될 수 있다는 것을 우선 주시하여야 한다. 또 그 전문인이 설명하는 그 조건과 상황이 내가 적용하고자 하는 조건과 환경이 유사하거나 일치하는가도 면밀히 검토하여야 한다. 또 때로는 그 전문성이 나름의 편견을 가지고 있을 수도 있다. 의사 집단이 법률가들과 의료법에서 대결하면서 빚어지는 갈등이 그들로 하여금 비뚤어진 견해를 갖게 하기도 한다. 법조인들이 정치 세력과 맞서면서 빙퉁그러진 법조항의 해석을 하는 경우도 있을 것이다. 종교인들도 간혹 자신들의 종파의 이해관계로 우리의 신앙에 혼란을 가중시키기도 한다. 그런 점도 조심스럽게 챙겨보아야 한다. 그럼에도 일련의 용의주도한 절차와 과정을 거친다면 아까 말한 자신의 경험과 마찬가지로, 또는 그보다 더 크게, 남의 전문성은 여전히 수용할 수 있는 믿음으로서 쓰임이 있는 것이다. 활용의 지혜를 발휘해보자.

그런데 이 전문적 지식을 활용하는 데에는 두 가지 분류가 가능하다. 이 두 분류를 통해서 전문 지식의 권위는 성격이 더욱 분명해진다. 첫째, 위에서 든 예 중에서 뉴욕타임스의 체육과 교수의 건강에 관한 슬로건이나("만병의 근원은 스트레스요 만병의 통치는 피트니스다." 이라든지) 운동수칙에('매일 하루 4km 걷기' 등) 대해서는, 또 치과의사의 권고에("매 6개월에 한 번씩 스케일링과 치아검진을 하라." 등등) 대해서는 대개 이견을 별로 제시하지 않는다. 그냥 권위를 받아들이고 따른다는 것이다. 그에 비하면 데카르트의 정신과 육체의 관계에 관한 설명 같으면 데카르트가 "육체가 죽어도 영혼은 남아 영혼불멸한다."고 했다고 해서 대개들 따르겠느냐는 의문이다. 상당한 반대가 예상된다는 말이다. "사람이 죽으면 영혼과 육체는 함께 멸절한다."고도 응당 나설 것이기 때문이다. 또 어느 보수 종교인이 "태아는 사람이다. 낙태는 살인이다. 낙태는 법으로 금지하여야 한다."고 해서 우리가 다들 쉽게 그 의견을 따를 것 같지 않다는 것이다. "낙태문제는 임신자의 재생산권으로서 임신자의 선택에 맡기는 것이 최선이다"고 되려 낙태허용론을 펼칠 가능성도 얼마든지 있다. 전자처럼 전문가가 상대적으로 흔들리지 않는 견고한 권위를 가지는 경우를 경성(硬性) 전문가(hard expert)라고 부르고, 후자처럼 전문가의 권위가 비교적 덜 견고한 경우를 연성(軟性) 전문가(soft expert)라고 부른다. 그에 비해서 다루게 되는 주제는 전자의 경우들이 더 덜 논란적이어서 연성 케이스(soft case) 또는 주제로 보아 연성 사건이라 부르며, 후자처럼 훨씬 더 논란적인 것들은 (낙태, 포르노그라피, 인간복제, 뇌사, 안락사, 사형제도, 동물권리, 환경윤리, 영혼불멸 등등) 경성 케이스(hard case) 또는 주제로 보아 경성 사건이라고 부른다.

말하자면 어느 건축사의 건물 구조에 대한 견해는 연성케이스에 경성 전문성을 갖게 되며, 어느 종교철학자의 우주에서 인생의 의미와 가치에 대한 입장은 경성 케이스에 연성 전문성을 갖게 된다. 그렇지만 한 가지 매우 중요한 것은 경성 전문가의 의견은 존중하고 연성 전문가의 의견은 무시해도 좋다는 것이 절대 아니라는 사실이다. 또는 경성 전문가의 견해가 연성 전문가의 견해보다 더 가치가 있다는 것도 결코 아니라는 것이다. 그들 공히 일반 우리와는 달리 각각의 분야에서 '더 아는 위치에 있기' 때문에 여전히 경성 전문가의 의견은 물론 연성 전문가의 의견도 존중하면서 시의 적절하게 이용하려는 것이 바람직하다.

4. 더 생각할 문제

합리적으로 수용할 수 있는 믿음이란 한편 좀 막연하지만 또 한편으로는 우리가 잘 활용할 수 있는 여지가 그만큼 많은 경우다. 우리의 인식능력이 그 정도의 현실적 한계를 가진 탓일 것이다. 그리고 주관적으로 허용되는 명제와 객관적으로 수용되는 명제의 구분부터 막상 쉽지 않다. 전자는 후자와 달리 최종적 검증을 요구하게 된다. 그렇지만 우리의 삶은 쉼 없이 그런 믿음 신념 주장과 관련될 수밖에 없다. 또 자명한 명제는 칸트와 콰인을 통해서 훨씬 더 복잡해졌다. 가닥과 계통을 마련해서 활용의 여지를 찾아 볼 필요가 있다.

그리고 경험 부분은 우리 사회에서는 더더욱 논쟁적으로 흐를 수 있다. 우리는 대체로 함께 어울리는 역사였지 개인끼리 비교 경쟁하는 역사는 아니었다. 비교가 없는 경험이란 독단으로 흐르기 쉽다. 그러므로 경험의 활용은 반드시 주관을 넘어서는 노력이 선도되어야 바람직하다.

끝으로 또 전문성에의 기대는 그 자체가 갖는 이해관계, 속임수, 편견 등을 털고 나면 합리적으로 써먹을 수 있는 가능성은 크게 열려있다고 볼 수 있겠다.

5. 토론할 주제들

1) 다음 문장은 참인가 거짓인가?: "Statements which are self-evidently necessarily true are called tautologous, while statements which are self-evidently necessarily false are called contradictory."
2) 칸트를 따라서 종합적 필연적 명제들(synthetic or nonanalytic necessary truths)을 만들어 보고 그 정당성을 비판적으로 검토해보자.
3) 우선 합리적으로 수용할 수 있는 믿음의 원천으로 세 가지 즉 자명한 명제, 자신의 경험, 타인의 전문적 지식을 언급하였다. 그러나 특히 후자 두 가지는 여러 가지로 합리성을 위협할 수 있는 것들이 주위에 산재한다. 그 경우를 거론하고 특히 어떤 주의와 예방책이 있을 수 있는가 토론해보자.
4) 우리가 확보하려는 합리적 정당성을 갖춘 명제로서 경험의

명제도 한 큰 축으로 사용할 수밖에 없는 것이 현재 우리가 처한 사정이다. 그런데 그렇게 경험을 신뢰할 수 있는나. 위 3)과 연계하여, 신뢰가 문제가 있으나 경험은 우리에게 필수라면, 경험을 어떻게 보완하여 사용하여야 할까 토론해보자.

5) 위에서 언급한 세 가지 즉 자명성, 경험성, 전문성 외에 지식 확보에 우리가 활용할 수 있는 또 다른 자원은 무엇이 있을까 더 생각해보자.

6) 우리 사회에는 연예인이 매우 광범위하게 각종 사회활동의 홍보와 정보전달과 비즈니스 관련 광고에 등장하는 것을 흔하게 볼 수 있다. 예를 들면 그들이 기부문화도 선도하고, 입양도 권하고, 교통질서도 계도하며, 보험도 선전하고, 아파트도 홍보하고, 영어 정복 교재도 광고하고, 치약도 판매한다. 다른 서양 선진 사회와 비교해서 그들 연예인의 참여 비율이 무차별적으로 유별나게 높다. 비판적으로 평가하시오.

7) 우리 일상 주위에서 '연성사례와 경성 전문성'을 예를 들어 설명하시오.

8) 우리 일상 주위에서 '경성사례와 연성 전문성'을 예를 들어 설명하시오.

참고서

Acock, Malcolm, 1985, *Informal Logic: Examples and Exercises*, Belmont: Wadsworth Publishing Company.

Bowell, Tracy, Kemp, Gary, 2010, *Critical Thinking: A Concise Guide*, London and New York: Routledge.

Brown, James Robert, 2008, *Philosophy of Mathematics: A Contemporary Introduction to the World of Proofs and Pictures*, 2nd edition, New York and London: Routledge.

Conway, David A., Munson, Ronald, 2001, *Basics of Reasoning*, Belmont: Wadsworth.

Conway, David A., Munson, Ronald, 1990, *The Elements of Reasoning*, Belmont: Wadsworth.

Copi, Irving M., 1966, *Introduction to Logic*, 2nd edition, New York: The Macmillian Company.

Ehlers, Henry J., 1976, *Logic: Modern and Traditional*, Columbus: A Bell

& Howell Company.

Gustason, William, Ulrich, Dolph E., 1973, *Elementary Symbolic Logic*, New York: Holt, Rinehart and Winston, Inc.

Glock, Hans-Johann, 2009, *What Is Analytic Philosophy?*, Cambridge: Cambridge University Press.

Greenstein, Carol Horn, 1978, *Dictionary of Logical Terms and Symbols*, New York: Van Nostrand Reinhold Company.

Halverson, William H., 1984, *A Concise Logic*, New York: Random House.

Jeffrey, Richard C., 1967, *Formal Logic: Its Scope and Limits*, New York: McGraw-Hill Book Company.

Kahane, Howard, *Logic and Philosophy: A Modern Introduction*, 3rd edition, Belmont: Wadsworth Publishing Company.

Lemmon, E. J., 1972, *Beginning Logic*, London: Thomas Nelson and Sons Limited.

McFerran, Doug, "Personal Correspondence," Pierce College.

Munson, Ronald, "Personal Correspondence," University of Missouri.

Nute, Donald, "Personal Correspondence," University of Georgia.

Nute, Donald, 2003, *Methods for Critical Thinking*, Boston: Peason Custom Publishing.

Pospesel, Howard, 1971, *Arguments: Deductive Logic Exercises*, New Jersey: Prentice-Hall.

Pospesel, Howard, 1976, *Predicate Logic: Introduction to Logic*, New Jersey: Prentice Hall.

Pospesel, Howard, 2000, *Propositional Logic: Introduction to Logic*, 3rd edition, New Jersey: Prentice Hall.

Salmon, Merrilee H., 1989, *Introduction to Logic and Critical Thinking*, 2nd edition, New York: Harcourt Brace Jovanovich Publishers.

Sharvy, Robert, 1977, *Logic: An Outline*, New Jersey: Littlefield, Adams & Co.

Strawson, P. F., 1964, *Introduction to Logical Theory*, London: Methuen & Co Ltd.

Suppes, Patrick, 1961, *Introduction to Logic*, Stanford: Stanford University Press.

Thomason, Richmond H., 1970, *Symbolic Logic: An Introduction*, Toronto: The Macmillian Company.

Waller, Bruce N., 2001, *Critical Thinking: Consider the Verdict*, 4th edition, New Jersey: Prentice Hall.

Walton, Douglas, 2008, Informal Logic: *A Pragmatic Approach*, Cambridge: Cambridge University Press.

박준호, 2003, *논리와 논증의 이해*, 2판, 서울: 한국문화사.

생각 2.0, 2009, *논리와 비판적 사고*, 대구: 도서출판 글 고운.

소흥렬, 2003, *논리와 사고*, 서울: 이화여자대학교출판부.

찾아보기

국문색인

영문색인

| R |

| S |

| T |

| V |